三訂版

アサーション・トレーニング

さわやかな〈自己表現〉のために

平木典子

ASSERTION TRAINING

Noriko Hiraki

三訂版への序

本書の初版の刊行はおよそ三十年前になります。「アサーション」という言葉の邦訳が難しく、あえてカナ表記にし、サブタイトルを〈さわやかな自己表現〉として出版に踏み切ったことは、おそらく日本・精神技術研究所にとってかなり大きな冒険だったに違いありません。にもかかわらず、本書はロングセラーを続け、今、アサーションは、〈自他尊重のコミュニケーション〉という意味で理解され、広がっています。

その理由の一つは、時代と場を超えた「アサーション」の意味の普遍性と深さにあると思われます。アサーション・トレーニングを日本に初めて紹介した一九八二年、アサーションは、女性や看護職、国際的な仕事をする企業の人々に関心をもたれました。その人たちは、相手を大切にし、自分は一歩下がったところで動くことに慣れており、「自他尊重」が成り立つコミュニケーションとはどんなことか、知りませんでした。

それは、一九七五年に北米でアサーションに触れて、そんなコミュニケーションがあることに大きな関心をもった私と同じ状況でした。とりわけ、年齢、役割が上の人（親や教師、上司など）や権威や権力がある人（専門家や男性など）は、今のパワハラと言われる言動に陥りやすく、その逆の立場にある子どもや部下、女性や権威がない人は、自分の気持ちや考えを表現することを控え、消極的になる傾向がありました。そして、両者とも、〈自他尊重のコミュニケーション〉という関わり方があることを知らないのです。

「自分も相手も大切にすること」は、言われてみれば当たり前のことですが、実は、それを実行するのはとても難しいことです。民主主義を標榜する北米でも、それは大変なことですから、まして男尊女卑の歴史があり、第二次世界大戦後まで民主主義という概念も一般的でなかった日本ではなおさらです。その歴史の中で人間尊重のさまざまな試みを続けていたとしても、それは、互に「相手を優先し、相手を敬うこと」を実践して自他尊重を成り立たせようとしてきた試みだったのかと、想像していました。私が北米で出会った「自分のことは自分で大切にしましょう」というメッセージは、驚きと納得の交差した複雑な響きをもっていました。「そんなわがままはあり得ない」という考え方と「自分のことを自分が大切にしないで、他者に依存して生きることこそあり得ない」という考え方は、結局両方とも、「自分も相手も大切にすること」なのでした。

ふり返ると、この三十年の間に、私たちの生活様式や社会的価値観は、情報と経済、社会構造などの進展とIT技術の普及によって大きくグローバルに変化しました。それに伴って、私たちのコミュニケーションの内容も方法も多様化し、多元的な意味をもつようになりました。とりわけ、メールなどのコミュニケーション・ツールは、いつでもどこでも活用できるという手軽さと利便さゆえに、私たちの日常を激変させました。今、多くの人々はメールを送りそれに応えること、パソコンや携帯に向かって書き、送ることにかなりの時間を使い、ある意味で、かつてなかったほど他者とコミュニケーションをしています。同時に、対面のコミュニケーションは激減し、文字情報というデジタル信号によるやり取りが増え、アナログ信号による繊細なニュアンスや刻々と変化する感情や非言語的なやり取りは少なくなっています。換言すれば、多様化、多元化が進む日常に逆行して、それを伝えるコミュニケーションのあり方は粗雑になっているのではないでしょうか。それは人間の能力を十分に活用しないで生きていることでもあり、気づかぬうちに何か大切なものを失っているかもしれません。

私が「アサーション・トレーニング」という体系的なコミュニケーションの訓練法があることを初めて知ったのは、一九七五年、北米で開催されたカウンセリングのワークショップの中でした。たまたま昼食で同席した参加者との会話が終わろうとするとき、「今日は、研修の宿題をさせてくださって、ありがとう」と言われたのです。百名を超える参加者が同時進行する多様な研修テーマのプログラムの中で、その人たちは「アサーション・トレーニング」に参加しており、午前中の研修で、お昼休みに「見知らぬ人に出会い、自ら近づき、心地よい会話をして別れる」練習をする宿題があったのでした。対人関係やコミュニケーションの問題の支援法としての「アサーション・トレーニング」については知っていましたが、それが体系的な訓練法になっていること、そして、それが日常会話のやり取りの中にも活用されていることを知って、私はあらためてアサーション・トレーニングに関心をもち、著書を数冊購入してから帰国したのでした。

この三十年をふり返ると、アサーションは、単なるコミュニケーション・パターンの改善の問題だけではなく、「自分も相手も大切にする」というアサーションの精神がもたらす深い意味を考えないわけにはいきません。自他尊重を両立することは実際どんなことなのか？　どうすればそれが実現するのか？「自分も相手も大切にする自己表現」は、誰もが望むことですが、言うは易く、想像することは難しいことです。ですが、アサーティブな自己表現をすることで、相手との関係性の質が変わるのがわかるでしょう。アサーションの意味とその実践の体験は、自己表現を、自他尊重の心を伝えるやり取りへと洗練させていくように思います。

今、私たちは、物がもたらす豊かさと便利さは必ずしも心を豊かにしてくれず、人間関係が豊かでないことがいかに日常を貧しくしているかに気づいています。いくら成績を上げても、立派な物をつくっても、それを喜び、愛でてくれる人がいないとき、私たちの心は満たされないでしょう。そこに人間にしかできないこと、つまり互いの思いを受け取り、返すというコミュニケーションの意味があるのでしょう。今、私たちに必要なことは、ますます機械化され、単純化されていく現代のコミュニケーションに、豊かな人間の関わりをもたらすコミュニケーションを取りもどすことだと思われます。

アサーションは、いつの時代にも、どこでも通用するコミュニケーションの基本的考え方と方法です。ただ、その意味は時代により、場面によって異なってくるでしょう。この三訂版では、日本におけるアサーションの三十年の実践の歴史をふり返り、その意味の変遷をたどりました。そして、本書の執筆が、新型コロナウイルスの世界的まん延という人類が初めて体験する禍に直面した時期であったことは、多くのアサーティブな選択と決断を体験しながらアサーションを考えることにもなりました。

任意の小さなグループで、主としてカウンセラーと心理臨床家によって実施されていたトレーニングは、今や臨床家だけでなく小・中学校の教師や多様な人々に出会う看護師、コンサルタントや企業の研修担当者などトレーナーの資格を取得された人々により、さまざまな職域や対象に実施されるようになりました。この間の多くのトレーニング参加者の反応とトレーナーの方々の工夫は、現在行われているトレーニングに、そして本書にフィードバックされ、アサーションをより身近なものにする上で、かけがえのない宝となっています。多くの貢献が本書に反映されていることを、受け取っていただければ嬉しいです。

最後になりましたが、アサーションの意味も訓練法もまったく知られていなかった三十年前、大胆にもこの言葉を書名にした著書を世に送り出してくださった日本・精神技術研究所の前社長内田純平氏と、本書の三訂版を強く薦め、二一世紀のアサーションを推進しようとしてくださった内田桃人社長のご支援に心から感謝いたします。日本・精神技術研究所のチャレンジ精神なしに、アサーション・トレーニングもロングセラーを続けている本書の存在もなかったことを思うとき、あらためて言い尽くせぬ感謝の気持ちを込めて、本書を送り出したいと思います。

二〇二一年四月

新型コロナウイルスの脅威にアサーティブな選択が求められる日々の中で　平木　典子

＊目次

三訂版への序　3

第Ⅰ部　コミュニケーションの基礎

第1章　アサーションとは

1　あなたのアサーション度は？　16
2　アサーションとは　19
3　全般的に非主張的、または攻撃的な人　36
4　なぜ、アサーションができないのか　39

第2章　ものの見方・考え方とアサーション

1　考え方が日頃の言動に影響する　54

2 ものの見方とアサーションの関係 58
3 ものの見方・考え方は社会で形成される 68

第3章 人権としてのアサーション

1 対人関係の不安はどこからくるのか 74
2 アサーションが必要な場面 77
3 新たなアサーションの広がり 80
4 基本的「アサーション権」とは 85

第Ⅱ部 アサーティブな自己表現の方法

第4章 アサーティブな言語表現

1 言語表現のための心構え 110

2 課題達成・問題解決のためのアサーション——台詞《せりふ》づくりのステップ 115
3 人間関係を形成し、維持するためのアサーション 121

第5章 言葉以外のアサーション
1 非言語的アサーションの要素 135
2 感情の表現に不可欠な非言語表現 141
3 怒りとアサーション 153

第6章 アサーション・トレーニングの実際
1 自分自身がアサーティブになるためのトレーニング 168
2 さまざまな現場でのアサーション・トレーニング 174
3 トレーナーを目指したい人のためのトレーニング 192

第7章　むすびに代えて〜二一世紀のアサーション〜

1　アサーションはアサーティブに考え、選択し、決断するプロセスをつくる　196
2　アサーションは人間関係の質を変える　199
3　アサーションは協働を促進する　200
4　AIや社会的メディアを活用したアサーティブなコミュニケーション　202

参考文献　205

第Ⅰ部　コミュニケーションの基礎

第1章　アサーションとは

1　あなたのアサーション度は？

〈アサーションとは何か〉を理解する前に、まず、あなたの、今現在の自己表現について、簡単にチェックしてみましょう。

次のページのアサーション度チェックリストに回答してください。あなたが普段、どのような自己表現をしているかを考えて、各項目の後の（はい・いいえ）のいずれかを○で囲んでください。

さて、「いいえ」の数はいくつありましたか。「いいえ」と答えた項目は、あなたが自己表現できていない、あるいは苦手な領域です。「いいえ」が半分以上あった人は、普段の生活や人間関係に、やや支障を感じているかもしれません。

次に「はい」と答えた項目については、もう一度チェックしてください。その「はい」が相手に対して否定的な感情をもったり、腹立たしかったりして、それを攻撃的に、あるいは相手を無視する気持ちで表現していることはないでしょうか。そのような「はい」は、◎にしておきましょう。その項目は、自分の意志や気持ちは大切にしているものの、相手

アサーション度チェックリスト

Ⅰ　自分から働きかける言動

1　あなたは、誰かにいい感じをもったとき、その気持ちを表現できますか。　（はい・いいえ）

2　あなたは、自分の長所や、なしとげたことを人に言うことができますか。　（はい・いいえ）

3　あなたは、自分が神経質になっていたり、緊張しているとき、それを受け入れることができますか。　（はい・いいえ）

4　あなたは、見知らぬ人たちの会話の中に、気楽に入っていくことができますか。　（はい・いいえ）

5　あなたは、会話の場から立ち去ったり、別れを言ったりすることができますか。　（はい・いいえ）

6　あなたは、自分が知らないことや分からないことがあったとき、そのことについて説明を求めることができますか。　（はい・いいえ）

7　あなたは、人に援助を求めることができますか。　（はい・いいえ）

8　あなたは、人と異なった意見や感じをもっているとき、それを表現することができますか。　（はい・いいえ）

9　あなたは、自分が間違っているとき、それを認めることができますか。　（はい・いいえ）

10　あなたは、適切な批判を述べることができますか。　（はい・いいえ）

アサーション度チェックリスト

Ⅱ　人に対応する言動

11　人から誉められたとき、素直に対応できますか。　（はい・いいえ）

12　あなたの行為を批判されたとき、受け応えができますか。　（はい・いいえ）

13　あなたに対する不当な要求を拒むことができますか。　（はい・いいえ）

14　長電話や長話のとき、あなたは自分から切る提案をすることができますか。　（はい・いいえ）

15　あなたの話を中断して話し出した人に、そのことを言えますか。　（はい・いいえ）

16　あなたはパーティや催しものへの招待を、受けたり断ったりできますか。　（はい・いいえ）

17　押し売りを断れますか。　（はい・いいえ）

18　あなたが注文した通りのもの（料理とか洋服など）がこなかったとき、そのことを言って交渉できますか。　（はい・いいえ）

19　あなたに対する人の好意がわずらわしいとき、断ることができますか。　（はい・いいえ）

20　あなたが援助や助言を求められたとき、必要であれば断ることができますか。　（はい・いいえ）

を配慮してない言動をしている可能性を示しています。そのチェックが済んだら、○印の数を数えてください。「はい」の数が、10以上あれば、あなたのアサーション度は、普通以上ということができます。

　あなたのアサーション度については、また後に、あらためて詳しく考えることにします。

2　アサーションとは

　それではここで、アサーションとはどんなことか、アサーションとそうでない表現の違いはどこにあるのか、どうしてアサーションができないのか、などについて考えてみましょう。

　ある北米の心理学者は、人間関係のもち方には、大きく分けて三つのタイプがあると言っています。第一は、自分よりも他者を優先し自分のことを後回しにするタイプ、第二は、自分のことだけを考えて他者を踏みにじるタイプ、第三は、第一と第二の黄金比ともいえるあり方で、自分のことをまず考えるが他者にも配慮するタイプです。

アサーションとは、第三のタイプをいいます。そして、アサーション・トレーニングでは、第一のタイプを「非主張的」または「ノン・アサーティブ（non-assertive）」、第二のタイプを「攻撃的」または「アグレッシブ（aggressive）」、第三のタイプを「アサーティブ（assertive）」と呼びます。

では次に、いくつかの実例を取りあげながら、三つのタイプの言動について理解を深めることにします。以下に、日頃私たちがよく体験する状況について、三タイプの反応を記しました。

まず、最初の場面を読んだら、あなたならそんなとき、どんな反応をするか考えてみましょう。

次に、三つのタイプの反応を読んでください。それぞれの反応は、典型的なものにするために、やや強調した表現になっていますが、自分の日頃の反応の傾向はどれに近いでしょうか。

〔外食中に〕

中村氏は郷里から上京してきた友人と、銀座のレストランで夕食をとっています。先ほどステーキの焼き加減をレアで注文しましたが、ウエイターが運んできたステーキは、ウエル・ダンに焼かれていました。中村氏は……

非主張的

友人に、「こんなに焼けてしまっている。もうこのレストランにはこないぞ」と愚痴《ぐち》をこぼすが、ウエイターには何も言わず、笑顔で受け応えをする。せっかくのステーキはまずく、こんなところに友人を連れてきてしまったことを後悔する。何だか自分がすっかり萎縮してしまった感じになる。

攻撃的

大声でウエイターを呼び、ステーキが注文通りに焼けてないことを必要以上に怒鳴《どな》り、もう一皿注文通りのステーキを要求する。中村氏は自分の要求が通ったことと料理には満足したが、怒鳴ったことでその場が気まずい雰囲気になった。友人に対しては、ややきまりが悪く、また、夕食の雰囲気は台無しになってしまった。一方、ウエイターは侮辱された感じがして、不愉快な気持ちになった。

アサーティブ

ウエイターに合図をしてテーブルに呼び、「自分はステーキをレアで注文したこと、しかし、ウエル・ダンのステーキがきてしまったこと」を伝えて、ていねいに、しかしはっきりと「レアのステーキと取りかえてほしい」と頼む。ウエイターは間違いを謝り、まもなくレアのステーキを運んでくる。中村氏も友人も夕食を満喫し、中村氏は自分の取った言動にも満足して、夕食を終える。もちろん、ウエイターも客が気持ちよく過ごしたことで、気分がよい。

〔**友人との間で**〕

佐藤さんは大学三年生です。彼女は、授業にもよく出てノートを取り、まじめで優秀な学生で、ゼミの先生や友人たちからも認められ、尊敬されています。ある科目の学年末試験が間近に迫ったある日、同じゼミの三島君から、ノートがなくて困っているので佐藤さんのものを貸してほしいと頼まれました。佐藤さんは、今から帰ってその科目の勉強をしようと思っていたところでした。佐藤さんは……

非主張的

自分の勉強の計画が潰れそうになることの不安を押し殺して、彼が困っていることに同情し、「ええ、字が汚くてもよければいいわよ」と言う。三島君はもちろん、「それでいい」と言うので、貸すことになる。その日は、試験勉強ができないことを悔やみながら、漫然と過ごす。

攻撃的

明らかに不愉快な顔をして、「今頃ノートを借りようなんてちょっと常識ないんじゃない。今まで何してたのよ。私、そういう人には貸さないことにしてるの！」と言い捨てて、その場を立ち去る。思い通りにはなったが、佐藤さんは三島君に冷たく言い放ったことが気になり、落ち着かない。三島君も、そんなに言われる筋合いはないと情けない気持ちになる。もちろん、その後、二人の関係はぎこちないものになる。

アサーティブ

「今から帰ってその勉強をしようと思っているところなの。だから今回は貸してあげられないけど、この次からもう少し早く言ってくれたら、貸してあげることができると思うわ」と、ていねいに、しかしはっきりとその頼みには応じられないことを言う。佐藤さんは、無理をしなかったこと、自分の意思を伝えられたことに満足する。また三島君は佐藤さんの言うことに納得し、自分の不用意さに気づく。

〔親子関係〕

あなたには高校生の娘がいますが、夏休みのある晩、友だちと花火大会に出かけ、夜中の二時に帰ってきました。十二時には帰ると言って出かけたので、心配やらイライラで寝ることもできず、待っていました。娘は、「ただいまー」と言って、さっさと自分の部屋に行こうとします。そこであなたは……

非主張的

帰ってきたのを見て、娘には何も言わず、黙って寝る。

攻撃的

「今、何時だと思っているんだ！　一晩中でも人を寝かせないつもりか。まったく思いやりも何もない奴だ」と、いきなり怒鳴る。

アサーティブ

「とても心配したよ。十二時には帰ると言っただろう。遅くなると電話してほしかったし、これからもそうしてね。」と、相手を責めるのではなく、しかしはっきり自分の気持ちと願いを伝える。

右の例を読んで、アサーティブとはどんな言動か、およそ理解できたと思います。次に、非主張的、攻撃的、アサーティブの三つのタイプの表現について解説を加えておきます。

a　非主張的自己表現

〈非主張的〉とは、自分の気持ちや考え、意見を表現しなかったり、しても伝わらないような、あいまいな言い方や、言い訳がましい言い方をしたりすることです。消極的な態度や小さな声で言うことも含まれます。また、自分を抑えて、相手を優先する気持ちや態度があります。その結果、相手に自分の思いを理解してもらえないだけでなく、無視される可能性もあります。このような言い方は、自分では、相手を立てて、相手に配慮しているつもりかもしれませんが、「自分は二の次でいい」と、暗に「私の気持ちや考え、言っていることは取るに足りません。無視しても結構です」と伝えているようなものです。自分の気持ちに不正直で、もちろん、相手に対しても率直ではありません。非主張的な言動をしているときは、相手に譲ってあげているようですが、自信がなく、不安が強く、それを隠して卑屈な気持ちになっていることもあります。また、自分から自分の言論の自由（人権）を踏みにじっているような言動になります。

そのようになる理由は、本人は自分の立場として遠慮する必要があるとか、自分の意見を言うと葛藤が起こって相手の気分を損ねる可能性があるので我慢しておこう、反論や違ったことを言うと排除されるのは怖いので、黙っておこうといった気持ちなどの影響があるでしょう。また、社会的な常識や制約、立場などの影響もあり得ます。

非主張的な言動をした後は、「自分はやっぱりだめだ」といった劣等感や、「どうせ言ってもわかってもらえないに決まっている」といったあきらめの気持ちがつきまといます。また、相手に対しては、「譲ってあげたんだ」といった恩着せがましい気持ちや、「人の気も知らないで」といった恨みがましい気持ちが残ります。もし本当に相手を配慮し、尊重して同意したり、譲ったりしたのであれば、自分の決断でそうしているので、気持ちはさわやかで、未練は残らないと思われます。逆に非主張的な言動をした後では、わかってもらえなかったと思う気持ちや傷ついた感じが残りがちなので、惨《みじ》めになります。そもそも自己表現していないので、相手にわかってもらおうと期待することは欲ばりなのですが、つい「黙って引いてあげたのに」とか、「相手を立てたのにわかってくれない」といった甘えた気持ちや、「思いやりのない人だ」とか、「鈍感な人だ」といった相手への軽蔑の気持ちをもったりもします。

このような不快な体験が重なると、不快感は欲求不満や怒りとなって心の中にたまっていきます。たまった怒りは、何度も同じ思いをさせている相手への恨みとなり、あるいは関係ない人への不当な八つ当たりや意地悪となって表現されることがあります。いわゆる「キレる」とは、「もの言わぬは、腹ふくるる技」の挙句、非主張的な言動が転じて、ある日突然、攻撃的になるのです。

逆に、不快な体験をじっと我慢して耐え続ける人もいます。相手との関係に波風を立てないようにするには、自分でその場を治める責任を取ろうとするのです。過剰なストレスを自分にかける結果、頭痛、肩こり、神経性の胃痛などの心身症やうつ状態になったり、人とつき合うのがおっくうになったりします。その場では優しく、いい人なのですが、生き生きした感じはなく、無表情で、慇懃無礼《いんぎんぶれい》な振る舞いをしたりすることにもなりかねません。

一方、非主張的な対応をされた相手も、結果的に被害を被《こうむ》ります。まず、同意してくれれば自分と同意見と思い、譲ってくれたときは相手の思いやりをありがたいと思うでしょう。よほど猜疑心《さいぎしん》のある人でない限り、それが素直な反応です。ところが、そう受け取っていたら、後で恨まれたり、軽蔑されたりするのではたまったものではありません。また優先されてばかりいると、相手は優越感や憐れみの気持ちをもったり、逆に、従わせてしまったという罪悪感や苛立ちをもったりするかもしれません。

b　攻撃的自己表現

〈攻撃的〉とは、自分の意思や考え、気持ちをはっきりと言うことで、自分の言動の自由を守り、自分の人権のために自ら立ちあがって、自己主張してはいるのですが、相手の言い分や気持ちを無視、または軽視して、結果的に、相手に自分を押しつける言動をいいます。

したがって、それは、相手の犠牲の上に成り立った自己表現・自己主張であり、自分の言い分は通っても、相手の気持ちを害したり、相手を見下したり、不必要に支配したりすることになります。

このような言動をしている人は、一見、表情豊かで、ハキハキものを言っているように見えますが、相手を無視、あるいは軽視して自分のことだけを主張していることになり、相手を踏みにじっていることにもなります。その場の主導権を握りたいだけで「自分が一番」とか「あなたはだめ」といった態度を取り、相手より優位に立とう、「勝ち負け」でものごとを決めようとする姿勢が見え隠れしています。

攻撃的とは、たんに暴力的に相手を責めたり、大声で怒鳴ったりするだけではなく、相手の気持ちや欲求を無視して、自分勝手な行動を取ったり、巧妙に自分の欲求を相手に押しつけたり、相手を操作して自分の思い通りに動かそうとしたりすることをいいます。もちろん、不当な非難、侮辱、皮肉、八つ当たりなども含まれます。また、雑談や何気ない会話をしているときの「だめ押し」や「ひと言多い発言」なども、自分の優位を示すための攻撃的主張となることがあります。また、年齢や役割が上の人（親・教師・上司など）、権威や権力がある人（専門家・男性など）が、その地位や力を意識的、無意識的に使って、弱い立場にいる人に自分の意向を押しつける「パワハラ」や「セクハラ」は、攻撃的な言動ということになります。

このような言動をしている人は、堂々としているように見えるわりにはどこか防衛的で、必要以上に威張《いば》っていたり、強がっていたりして自分に不正直です。また、自分の意向は通っても、その強引さのために後味の悪いことが多く、それが自分の本意ではなかったことに気づき、後悔することになります。

また、攻撃的な対応をされた相手は、自分の意に反して服従させられた気持ちになり、軽く見られ、バカにされた気持ちが残るでしょう。その結果、傷つき、恐れて相手を敬遠し、同時に、怒りを感じて、復讐心を抱くかもしれません。

いずれにしても、お互いの関係は、相互尊重にはほど遠く、ギスギスしたものになりがちです。

C　アサーティブな自己表現

〈アサーティブ〉とは、自分も相手も大切にした自己表現です。アサーティブな発言では、自分の気持ち、考え、信念などが正直に、率直に、その場にふさわしい方法で表現され、そして、相手が同じように発言することを奨励しようとします。つまり、アサーティブな自己表現では、自分の自己表現の権利を活用して自ら自分を表現し、同時に相手の自己表現の権利と自由を尊重しようとします。

その結果として、互いの意見が葛藤を起こすこともあり得ると考えます。つまり、互いに率直に話をすれば、自分の意見に相手が同意しないこともあるし、また、相手の意見に自分が賛同できるとは限らないでしょう。むしろ、率直に話した結果、意見や考えが一致すれば、それはラッキーなことです。一致しないときは葛藤が起こります。そんなとき、アサーティブなやり取りでは、すぐさま意見を変えて相手に譲ったり、相手を自分に同意させようとするのではなく、面倒がらずに互いの意見を出し合って、譲ったり、譲られたりしながら、双方にとって納得のいく結論を出そうとします。

このような言動は、余裕と自信に満ちており、自分がすがすがしいだけでなく、相手にもさわやかな印象を与えます。また、相手は大切にされたという気持ちをもつと同時に、二人の努力に対して互いに誇らしい気持ちをもつでしょう。また、アサーティブな表現をする人に対して、尊敬の念を覚えるでしょう。

アサーションには、歩み寄りの精神があり、多少時間はかかっても、互いを大切にし合ったという気持ちが残る会話があります。また、話し合いのプロセスでは、より豊かな創意や工夫が生み出され、一人の提案よりむしろ満足のいく妥協案やより創造的な結論が導き出されることもあります。その結果、互いの関係も安心したものになるでしょう。

アサーション（assertion）という単語を英和辞典で引くと、「主張」「断言」という訳が出てきます。この日本語は、これまでの説明でもわかるようにアサーションの意味を正確に伝えていません。アサーションには、「自他尊重の自己表現」という意味がありますので、実際のやり取りでは、自分を大切にして「話す」ことと、相手も大切に「聴く」ことの相互交流・相互作用が含まれています。つまり、互いに率直に、素直に、正直に自分の気持ちや考えを伝え合い、それを互いに聴き合うという意味になります。アサーションを初めて日本で紹介したとき、アサーションの適切な訳語がなかったので、そのままカタカナで表記することにしましたが、あえて日本語にする場合は、〈自己表現〉という言葉を使うことにしています。

＊

さて、あなたの日頃の言動がアサーティブであるかどうかを知るには、日頃あなたとつき合いのある家族、友人、職場の上司や仲間、先生、隣人、親戚などと、どんなやり取りをしているか、思い出して、自分の気持ちにそって検討してみることが必要です。あなたの人間関係の中に、支配的な人はいますか。あなたは誰かに対して言いなりになったり、自分の気持ちを押し殺したりしていませんか。逆にあなたは誰かを利用したり、軽く扱ったりしてはいませんか。普段、自分の気持ちをオープンに話しますか。それとも、状況によって、相手によって、自己表現が変わることがありますか。

多くの人は、誰か特定の人との関係や特定の状況で、アサーシコンができなくなることがあります。ある人に対してはきちんと言えるのに、同じことでも他の人には言えないとか、状況によって言えたり言えなかったりするなどです。それは、長い間に特定の人や状況に対してつくられ、習慣化された行動パターンが、似たような人や状況の下で表現されている可能性があります。親とか権威者にはどんなことがあっても従うべきだと思っていると、自分が子どもの立場や地位のない立場にいるとき、従属的または非主張的になります。逆に、自分が親や権威者の立場にいるときは、攻撃的になる可能性が高いのです。また、過去のある状況下で取ったアサーティブでない反応が身についてしまっていて、それを無意識にくり返している場合もあります。

いずれにしても、特定の人や特定の状況でアサーションができない人は、そのことにまず気づくことが大切です。自分の攻撃的または非主張的な言動を意識することで、行動を変えるチャンスがつかみやすくなります。チャンスがきたら、変える努力をしてみましょう。また、アサーティブな表現法を学ぶのもよいでしょう。なぜアサーティブになれないか、その理由を知ることも役立つかもしれません。そんなとき、本書を参考にしてください。また、「アサーション・トレーニング」（第6章で説明）に参加して、実際にアサーティブな言動を身につける練習をすると一段と効果があがるでしょう。

非主張的自己表現の結果

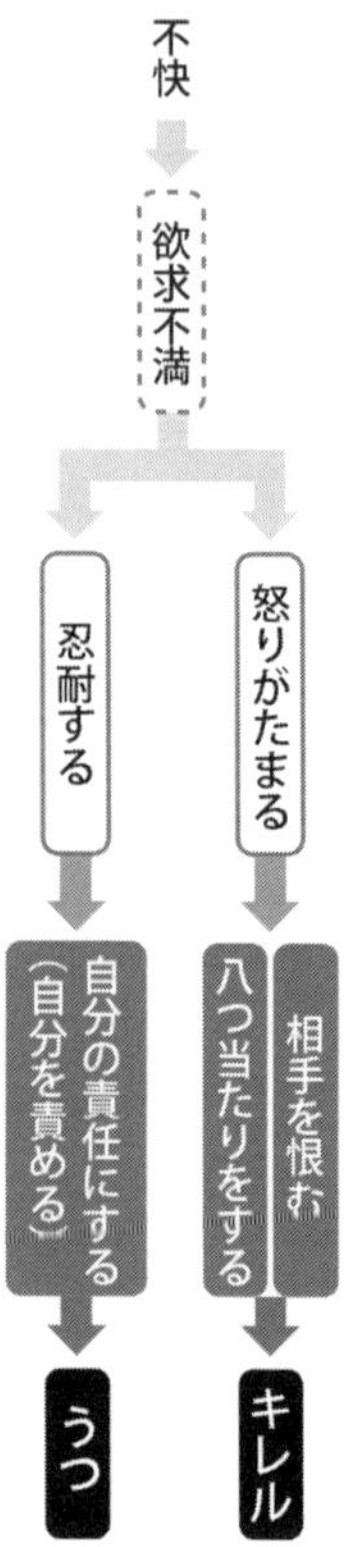

攻撃的自己表現の結果

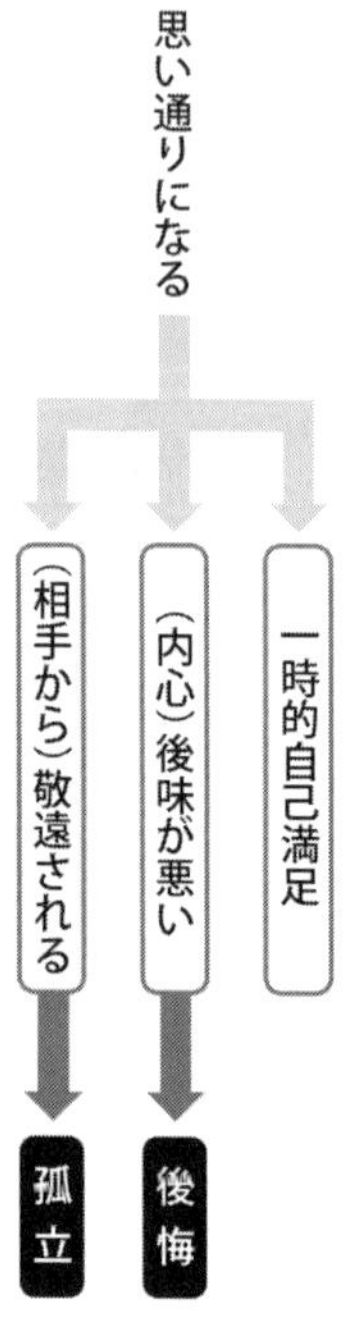

アサーティブなやりとりの基本

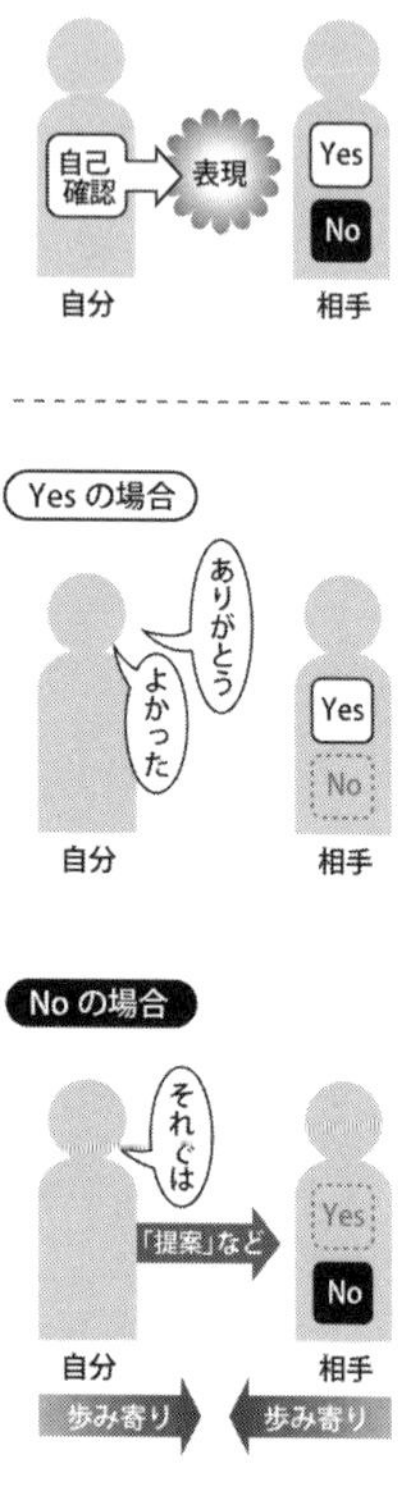

3つのタイプの自己表現の特徴一覧表

非主張的	攻撃的	アサーティブ
引っ込み思案	強がり	正直
卑屈	尊大	率直
消極的	無頓着	積極的
自己否定的	他者否定的	自他尊重
依存的	操作的	自発的
他人本位	自分本位	自他調和
相手まかせ	相手に指示	自他協力
承認を期待	優越を誇る	自己選択で決める
服従的	支配的	歩み寄り
黙る	一方的に主張する	柔軟に対応する
弁解がましい	責任転嫁	自分の責任で行動
「私はOKでない、あなたはOK」	「私はOK、あなたはOKでない」	「私もOK、あなたもOK」

3　全般的に非主張的、または攻撃的な人

ときとして、どんな人に対してもどんな状況にあっても、全般的に非主張的だったり攻撃的だったりする人がいます。

いつも非主張的な人は、一見して恥ずかしがりで、ほとんどの状況や人に対してオズオズと、引っ込み思案な態度を取っています。人がいやがりそうなことや、人の邪魔になりそうなこと、葛藤が起こりそうなことは決してやらず、親や権威者が言ったとおりの言動を取ります。自分独自の意見や気持ちを表現するのは不安で、適切なアサーションができません。自分が傷つけられたり、自分の権利が侵されたりして、多くの人が抗議するような場面でも黙っています。また、ときには一般的に当然だと思われるようなことにも、いちいち許可を得ようとします。だから人に無視されたり、利用されたりしやすいのです。

このように「全般的に非主張的」な人は、自己否定的で、自尊心が低く、いつも不安で、緊張に満ちた生活を送っています。ストレスの多い生活は、堅い表情や生気のない笑顔、浅く速い息づかいを招きます。神経性の頭痛や腹痛を起こしやすく、ひどい肩こりや下痢に悩まされることにもなります。また、うつ的になって、気分が落ち込んで、食事がすす

まなくなったり、眠れなくなったりすることもあります。

このような人とは反対に、どんな状況でも、ほとんどの人に対して攻撃的になる人もいます。アサーションを攻撃的な行動と誤解して区別できないでいる人、人に負けることが嫌いで、常に勝ち負けでものごとを判断しようとする人などは「全般的に攻撃的」になりがちです。

「全般的に攻撃的」な人は、一見、自信がありそうで、状況をうまくつかんで、バリバリものごとを進めているように見えます。古いタイプの男性イメージに、多少強引でもすべてを支配できる強い人がたくましく頼りになるというものがありましたが、それを信じて行動しているような人です。このような人は、人の意見や考えを軽視して会話を独占し、無意識のうちに自分の意見がいつも結論になるように話を進めます。こんな状態ですから、人を傷つけても無頓着なので、多くの人に敬遠されたり、嫌われたりします。人に対して、優位な状態でいないと安心できないので、人の批判や反応をひどく気にし、きわめて敏感です。ちょっとした反応でも、排除されそうな雰囲気を感じると、落ち着きを失い、イライラして、周囲の人に怒鳴り散らしたりします。権威的で、自分の命令に従わせたい父親が、無視されたり、軽視されたりすると、突然怒りを爆発させるなどはこの例です。「全般的に攻撃的」な人は孤立しやすく、いつも愛情飢餓《きが》に陥っています。そして、人をつなぎとめておくために、さらに命令的に相手を自分に引き寄せようとするのです。優しく、穏やかに、つまりアサーティブに人から愛情を得る方法を知らないので、愛情を得るにも、同じ命令的なアプローチになって、人から敬遠されるといった悪循環に陥ります。

ときに「全般的に非主張的」と「全般的に攻撃的」な態度を交互に取る人がいます。「内弁慶《うちべんけい》」といわれるような動きをする人で、会社では何ごとにも逆らわない従順な人が、家庭では暴君という場合です。配偶者による家族虐待や不登校児の家庭内暴力、日頃はおとなしく目立たない子が、突然、殺人を犯すといった場合などです。

「全般的に非主張的な人」も「全般的に攻撃的な人」も、表現方法はまったく違って見えますが、心の奥では同じ不安定な気持ちを味わっているでしょう。つまり、対人恐怖の人や人から恐れられる暴君は、表面的な平静さや強がりの裏には、不安、緊張、孤独感などの気持ちが隠されていて、気を許すことができず、心が落ち着く余裕がありません。また、そのような気持ちの不安からくる「こころの疲れ」や、自己嫌悪の気持ち、投げやりな気持ちなどにつきまとわれます。

他者との生活全般にわたって緊張を強《し》いられている場合、まず、そこから抜け出す必要があります。そのためには、自分を好きになる援助が必要です。つまり、不安や緊張、「こころの疲れ」などを安心して出せる人のもとで、ありのままの自分を見つめること、引っ込み思案にならなくてもよいことや強引にならなくても人は耳を傾けてくれることを体験することも必要です。個人的にカウンセリングや心理療法を受けることもたすけになりますが、アサーションを学ぶこともたすけになるでしょう。

4　なぜ、アサーションができないのか

アサーションとはどのような自己表現か、概要が理解できたと思われます。アサーションができない場面やアサーションを知らなかった人は、どうしてアサーティブになれないのか、そのわけを知りたい人もいるでしょう。第2章以下で、それに応えていきますが、ここでは、その案内も兼ねて、アサーティブになるための心構え、アサーションを妨げている人間の特徴について考えておくことにします。

a　あなたは、自分の気持ちを把握していますか?

まず、自分の言いたいことが自分ではっきりつかめていないとき、私たちはアサーティ

ブにはなれないものです。自分の気持ちや言いたいことが不明確な場合、表現することは難しいでしょう。自分の気持ちを明確に把握することは、アサーションの第一歩になります。

実は、自分の気持ちを最もはっきりわかっていて、それを訴えることができているのは、生まれたばかりの赤ん坊です。赤ん坊は、言葉を知りませんので、泣くことしかできませんが、お腹が空《す》いたとき、おしめが濡れて気持ちが悪いとき、抱いてほしいとき、気分が悪いときなど、すぐ泣いて表現します。

しかし、そんなに率直な人間の赤ん坊も、やがて、自分の訴えを聞き入れてくれない親の態度や、禁止する親の言動に接して、素直な自己表現をしなくなります。特に、感情を軽視し、感情表現を嫌う親に育てられた子どもは、自分の気持ちを抑えるため、自分の内面に鈍感になります。そして、親に受け入れられる言動だけを選んで身につけていくようになります。親とは生活を共にし、つき合いも長いので、よほど柔軟で、幅広い行動範囲をもった親の下で育たない限り、子どもの中では親に認められた一定の気持ちや考えを表現することだけが強化されます。逆に、表現しない気持ちや考えは強化されないので、だんだん薄れ、忘れ去られていきます。ときには、そんな気持ちや考えがあると、表現できないときに苦しくなるので、自分の中でないことにして否認し、心の奥底に抑圧してしまうこともあります。その結果、自分の気持ちがはっきりせず、また、把握できなくなるのです。気持ちや感情は誰でももっていますが、感じ方と表現はその人の性格とも関わっていますので、それを把握することは、自分らしさを知ることにもつながりますので、感情を把握することは大切なのです。

b　あなたは、周囲や結果を気にしすぎていませんか?

次に、自分の言うことが伝わるかどうか、結果はどうなるかに気を奪われているとき、つまり失敗や相手にどう思われるかを怖れているとき、アサーティブにはなれません。自己表現で重要なことは、言いたいことが伝わるかどうかではなくて、自分の気持ちが適切に言えるかどうかです。なぜなら、「伝わる」ということには自分の伝える行為と相手の受け取る行為の両方が関わっています。相手の受け取る行為は相手のものであり、受け取るかどうかは相手によります。私たちは相手の自由を支配することはできませんから、伝わるかどうかはわからないし、それを怖れても仕方がないのです。つまり、伝わるかどうかを怖れていては、コミュニケーションは成り立たないのです。とりあえず、精一杯、自分のできる限りで、自分の気持ちや意見を表現することに、まず、エネルギーを注ぐことが先決です。その結果、何らかの理由で伝わらないこともあり得ます。その場合は、さらに、コミュニケーションを続けて、わかり合おうとするしかないのです。

また、自分の気持ちや考えをおろそかにして他人や周囲の状況を気にしていると、自分の言いたいことが言えなくなることもあります。相手と違った考えを言うと、もめごとが起こるのではないか、嫌われるのではないか、そうならないためには何を言えばよいか、などと考えていると、非主張的になります。この態度は、一見、相手を立てているようですが、そうではありません。なぜなら、ことを丸く収めるために自分のことを二の次にして、言いたいことを言わないので、率直でも素直でもありません。それは相手を大切にしようとする自分の積極的な意思から出た相手を尊重しようとする自分の主体的決断による行為というよりは、相手の意向や気持ちに依存した、受身的、非主体的な行為です。特にこの場合、自分の気持ちをはっきり伝えないまま、相手に従おうとしているわけなので、相手に誤解されたり、無視されたりしやすく、結果的に相手の言いなりになったり、思いのままに動かされることになってしまいます。自分から招いた関係でありながら、相手に操作されているような気持ちになったりします。

このような非主張的な言動をしていると、自分のことをわかってもらえない欲求不満がたまります。たまった欲求不満は、相手への恨みになります。「こんなに譲っているのに鈍感な人だ」とか「あの人は思いやりがない」など、自分が自己表現していないことを棚に上げて、相手を非難する気持ちがつのります。また、こんなに我慢したのだから、そのことを知らしめてやろうといわんばかりに、突然、相手の裏をかくようなことをすることもあります。そうなると、自分のことや言いたいことが先だって、相手や周囲の状況が見えなくなります。欲求不満がたまったことによるストレスと相手への怒りは、自分を正当化することに向けられて爆発することになり、攻撃的にもなりかねません。

その典型例をあげてみましょう。二十歳代と五十歳代で離婚を言い出す主婦の中にこのような例があります。恋愛結婚をして夫のためにといろいろ尽くしていた貞淑な二十歳代の妻が、ほんのちょっとした夫の無頓着さに腹を立てて、大げさに実家に訴えに行き、親がかりで離婚してしまうとか、言いたいこと、やりたいことを我慢して、夫や子ども一筋に生きてきた五十歳代の妻が、子どもが自立した途端に、もう我慢できないと離婚を言い出すといった例です。また、おとなしく従順で、働き者の会社員が、忍耐の挙句に、ある日突然、退職届けを出すといったこともあります。

これらの例は、非主張的だった人が、欲求不満がたまったあまり、苦しくなって「キレて」いると解釈することができます。しかし、悲劇的なことは、離婚を言い出す主婦も、突然退職届けを出す会社員も、そんなに我慢していたとか、欲求不満がたまっていたとは相手に理解されないことです。それまで、その都度、自分の意見や気持ちを表現してこなかったわけですから、相手にとっては「そんなこと知らなかった……」というわけで、いつ、何を譲ってくれたのか、どんなことで我慢してくれたのか、さっぱりわからないでしょう。

非主張的な人の気持ちの裏にある攻撃性は、ときに、八つ当たりとしても出てきます。先ほど述べた、外で従順な父が、家に帰ると、子どもがオモチャを散らかしていると言って怒鳴ったり、夕食の準備が遅れたと文句《もんく》を言ったりします。また、電車やバスの中で、前に座っている人の組んだ足がズボンに触ったと言って、足を下ろしてくれるように静かに言えばいいところで、罵倒《ばとう》したり、蹴ったりします。悪気もなく、不用意に足を組んでいたかもしれないその人のことはまったく考慮に入っておらず、自分の苛立ちをぶつけているのですが、実は、過去に何度も腹立たしく思った他の人への思いをそこで晴らしているる可能性もあるでしょう。

一生懸命に結果や周囲を気にして動いていたはずの人が、気にしすぎの果てに、「過ぎたるは及ばざるが如し」の諺《ことわざ》のとおり、周囲に配慮が届かず、理解されず、区別なく当たりちらす、はた迷惑な人になってしまいます。

C　あなたは、アサーティブな考え方をしていますか？

アサーティブになれない三番目の理由は、ものの見方、ものごとの考え方がアサーティブでないことがあります。例えば、あなたは次のような考え方をしていませんか。

・相手に賛成した方が好かれる
・愚痴はこぼしてはならない
・子どもは大人より劣っている
・先生は生徒より優れている
・負けることはよくない
・上司には従うべき
・人を傷つけてはならない　などなど……

私たちは、多くの常識といわれる考えや思い込みに従って生活しています。これらの考え方は、親や先生などまわりの人々からさまざまな形で教えられます。よく考えてみると、それは大人の都合のいい言い分であったり、ときには親が子どもを自分の思い通りに動かすための理屈だったりすることが多いのですが、子どもは大人に受け入れられ、養育してもらうためには、本能的に、あるいは無理やりに大人の言うことに従います。実は、それらの考えはその人自身の都合に合うものであって、誰にでも適応されるわけではないのですが、そんなやり取りと関係が続くと、その考え方が正しく、当然のことのようになって身につき、それに従った行動を取るようになります。

他者の思いに合わせて、自分の希望や欲求を抑えたり禁止されたりするやり取りや生活は、このような相手独自の、自分には合わない考え方に縛られていることからきている可能性があります。自分に合わない考え方に合わせて生活することは、自分自身で自分の言動を調整しているのではなく、外的な基準でコントロールしていることになります。もちろん、文化的、伝統的に大切にしたい考え方や、地域によって多くの人が守っている対人関係の知恵はあるでしょう。それまでも、すべて悪いといっているわけではありませんが、自分を苦しめている考え方については、検討してみることも必要です。

アサーティブな動きができる人は、それらも含めて対人関係の場面で自分の考えや気持ちを大切にし、相手に敵意をもったり、へつらったりすることなく、自分の考えを言ってみることができるでしょう。

アサーションは、ものごとのアサーティブなとらえ方や考え方と言動の自己選択に密接な関係がありますので、考え方のアサーションについては、第2章でさらに検討します。

d　あなたは、アサーションは人権だと知っていますか？

アサーションは基本的人権の一つです。言論の自由は生まれながらにして誰に対しても保障された人権です。アサーションは、相互尊重のフェアプレイの精神に基づいた自己表現ですから、言わば基本的人権を守るための考え方と方法です。

ところが、「誰もが等しくアサーティブになってよい」というアサーションの権利があることを知らないか、忘れて生活をしている人は多いようです。

例えば次のような状況に陥ったとき、私たちは混乱して、アサーティブになることに不安を覚え、アサーションの機会を見失いやすいのではないでしょうか。

友人が、夜かなり遅くなってから電話をかけてきました。彼は会社で大失敗をして、上司に叱られ、自分が悪かったことはわかっているものの、やり切れぬ気持ちになり、愚痴を聞いてもらおうとしてかけてきたのでした。実は、あなたは昨日、半徹夜で残業をし、今日も厳しい一日を過ごして、かなり疲れていて、早目に寝ようと思っていたところでした。友人はそんなこととは知らず、自分の窮状《きゅうじょう》を話し出して、調子に乗ってきました。あなたは「友だちなんだから、そう冷たくもできないし……」とか、「自分より彼の方が大変なんだから……」とか、「自分が大変な時にはたすけてもらうことだってあるし……」などと自分に言い聞かせながら、相手の話を聞いています。ただ、一方では「早く話が終わらないかな……」とか、「よりにもよって今晩に……」とか、「自分だって大変なのに……」とも思っていて、話を聞くことは半分上《うわ》の空になっています。こんなとき、多くの人は、「断ると罪悪感が残るし、だからといって引き受けると自己嫌悪に陥るし……」といったジレンマを体験します。

さて、どうしましょうか。もし、あなたが電話を断ったら、友だちは傷つき、軽くあしらわれたと思うでしょうか。今後、友情を失うでしょうか。彼はあなたを利己的だと思うでしょうか。あなたは優しくない人なのでしょうか。断らなかったとしたら、どうしていつもこんなことをするはめになるのでしょうか。あなたはお人好しなのでしょうか。人と共に生きるということには、これくらいの犠牲はつきものなのでしょうか。

このような内的葛藤は、自分がやりたいことと人の希望とが一致しないときや、自分の希望と常識が合わないときに起こります。自己を通せば相手に間違っていると思われるかもしれないし、相手は傷つくかもしれません。そして、自分がやりたいことを通す十分な理由がないような気もします。つまり、相手の話が聞けないほど、ぐったり疲れ切っているわけでも、病気で寝込んでいるわけでもないのです。

このようにどちらかを立てようとしても無理な状況でこそ、適切な判断と選択によるアサーションが必要になります。その原点は、アサーションする権利です。葛藤が起こったとき、どうするかに迷ったとき、「自分がやりたいことを言うことは人権として許される」というところに立ち戻ることができれば、そして相手も同じアサーションの権利をもっていることを思えば、次の段階に進めるでしょう。

つまり、相手の言い分を受け止める気持ちがあるなら、とりあえず、「今夜は疲れていて、もう寝たいと思っていること、頭がボーっとしていて話がよく聞けないこと、できれば明日の晩、電話をしてほしいこと」を伝えてみてもいいのです。もちろん、それを聞いた相手はあなたの申し出に対して、同意する権利もあるし、さらに別の提案をする権利もあります。つまり、相手の意見を聞いて、あなたは次の考えを伝えてみることができます。これが話し合いであり、自分も相手も大切にした人間関係を創るためのアサーションです。

アサーションの権利については、第３章でさらに詳しく考えていきます。

e　あなたは、アサーション・スキルを身につけていますか？

多くの人がアサーティブになれない最大の理由は、アサーションのスキルをもってないことにあると思われます。先に、私たちは社会に適応していく上での、受け入れられやすい考え方や、行動様式をいつのまにか身につけていると述べました。それは逆を言うと、いろいろな場面で活用できる行動の仕方や自己表現のスキルを学習していないということでもあります。これらのスキルは状況や場面に応じて、かなり具体的に、しかも応用がきくように習っていることが大切です。例えば、頼まれごとをされたとき断る方法とか、人との会話の進め方などです。

多くのコミュニケーションのスキルは、子ども時代に身につけますので、子どもをとりまく親や大人の言動が大きく影響します。ある種のスキルをもってない親や、対人関係のスキルの訓練には無関心な親に育てられた子どもは、コミュニケーション・スキルを十分学ぶことができません。例えば一人っ子とか友だちと遊ばない子どもで、多くの人々のやり取りを観察したり、言葉を使う機会が少ないと、練習不足が原因で、社会的交流が下手になる傾向があります。

それでも、思春期、青年期になって、同世代の仲間とのつき合いが増えると、仲間からスキルを学ぶチャンスが数多くあるのですが、「どうすればいいか」を尋ねることはまれです。しかも、スキルのない多くの人たちは、他の人々のスキルが、幼い頃からの実行の積み重ねによって身につけたものと考えず、自然にできるようになるものだと思っていて、「自然にやれるようになりたい」と言ったりします。対人スキルも、ゴルフやピアノと同じように、学習し、くり返し実行するという訓練をして初めて身につくのです。身につくまで訓練したスキルなのですが、他の人にはいかにも自然にできたように見えるのでしょう。

したがって、スキルを学習するチャンスがなかった人はそれを学び、訓練すればいいということになります。日常生活の中で、人は、あなたの自己表現のまずさに気づいてはいても、なかなかそれを指摘してはくれません。一方で、自分の言動は他の人から見えるように、自分で見たり聞いたりすることは困難です。ただ、スキルがない人自身は、うまくいっていないことには気づいていて、より一層引っ込み思案になっていることもあります。

課題は具体的で建設的な指摘をどのようにして得るかということになるでしょう。まず、この本の第4章を読んで、スキルを学ぶところから始めてください。そして、適切なアサーションができている人の言動を観察しましょう。それを自分の言動と比べると、どんなスキルがあるのか、どんなふうに表現すればよいのかが見えてきます。それだけでも、自分のスキル向上に役立つでしょう。それでもまだわからないことがある人、具体的に自分の問題を練習して解決したい人は、「アサーション〈自己表現〉トレーニング」を受けることを勧めます。

f　からだが語るアサーション

自分の気持ちがしっかり把握《はあく》できて、結果を気にしすぎないで、ものの見方・考え方がアサーティブで、アサーションの権利についてよく理解・納得して、適切な表現の仕方がわかっていても、ときに、言葉や言っていることよりも、行動がアサーティブでない場合があります。アサーションには、非言語的要素（態度、身振り、言い方、表情など）がかなり大きな意味をもつことを覚えておきましょう。アサーションに限らず対人コミュニケーションには、非言語的な部分が非常に重要な機能を果たすと言われ、そのテーマについて何冊もの本が書かれているほどです。

からだは雄弁に語ります。姿勢、表情、声、気持ちの表し方、服装など、アサーションにはきわめて重要な表現です。これらが言葉と相まって、よりわかりやすく、よりアサーティブな表現が生まれます。身体的、非言語的アサーションについては、第5章で考えましょう。

＊

アサーションとは、アサーションとそうでない言動との違いを理解することに始まって、アサーティブなものの見方・考え方の獲得、アサーションする権利の確信、アサーション・スキルの習得、非言語的アサーションまで、すべてを一括したものをいいます。それぞれについて、学んでいきましょう。

第2章

もの の見方・考え方とアサーション

1　考え方が日頃の言動に影響する

第1章で、アサーティブな言動には「アサーティブな考え方をすること」が関わっていると述べました。

本章では、私たちはどのような考え方・ものの見方をしているか、それがアサーションにどのように関わっているかについて考えていきます。

まず、私たちの日頃のものの見方・考え方について、確認してみましょう。

以下の文章を手がかりにして、三つの視点から考えていきます。それぞれの指示に従って、回答してください。

	回答A	回答B	回答C
①人を傷つけてはいけない。			
②人のすることは、誰にも認められる必要がある。			
③危険や恐怖に出会うと、心配になり何もできなくなる。			
④ものごとが思い通りにならないとき、苛立つのは当然だ。			

⑤人は間違ったり、まずいことをしたら非難される。
⑥誰からも好かれるようにならなくてはならない。
⑦人にたすけを求めることは恥ずかしいことだ。
⑧人を変えるにはかなりのエネルギーと力を要する。

〈回答A〉

上記の文章を読んで、各文章が日頃の自分の考え方と**どの程度一致しているか**、回答Aの欄に以下の要領で、0から4までの数字で記入してください。正しい答えや間違った答えはありませんので、語句や表現にはあまりとらわれず、むしろ直感的に答えてみると、自分のことがよくわかるでしょう。

〔回答Aの記号〕

私の日頃の考え方と

- まったく合っていない　0
- あまり合っていない　1
- どちらとも言えない　2
- かなり合っている　3
- 非常に合っている　4

〈回答B〉

次に、回答Aは、誰の考え方として受け取りましたか。再度各文章を読んで、回答Bの欄に、以下の要領で回答を記入してください。

回答Aの考え方を：
・自分の考え方だと思っている場合は　自
・自分の知っている人々の考え方だと思っている場合は　知人
・世間一般（自分も他者も）の常識やルールだと思っている場合は　常

〈回答C〉

それでは次に、①〜⑧の考え方について、その考え方をするようになったのは、主としてどのような経緯からですか。以下の要領に従って分類してください。

回答Aの考え方をするようになったのは、主として：
・自分自身の体験から　体
・他者の体験を見聞きして　見聞
・多くの人（親・教師・著書など）から教えられて　教

例えば、「失敗してはならない」という考え方をしている場合、自分が失敗をしたり、叱られたりした経験からの場合は（体）、きょうだいや近くにいる人々が失敗して落胆したり、責められたりしているのを見聞きしての場合は（見聞）、本を読んだり他者から教えられたりした場合は（教）になります。


書き終わったら、全体をふり返ってみましょう。

回答Aの数字が0か1になっている考え方については、あなたは「そのように考えていない」ということであり、3か4の回答をした場合は「そのように考えている」ということですから、日頃、それぞれの考え方に従って発言したり、行動したりしている可能性があります。そして、回答Bと回答Cで、その考え方を誰について、そしてどのような経緯からするようになったかを分類する過程では、その考え方をするか、しないかについて、自分の育った環境や家族、学校などでの経験や出来事などを思い出したのではないでしょうか。そして、その考え方は、自分の言動の指針になっているかもしれません。ときには、その考え方は、自分の価値観や信念になっていることもあるでしょう。さらに、誰もが自分と同じ考え方をしていることはないだろうということも想像できるでしょうか。

ここに取り上げた八つの考え方・ものの見方は、誰もが聞いたことや考えたことがあるでしょうし、おそらくどの国にもある考え方の代表的なものだと想像されます。ただ、各人の考え方は、成長した環境や対人関係の中で形成されていきますので、それらを反映しているでしょう。
次に、それぞれの考え方がアサーションにどのように影響を与えるかについて考えてみます。

2 ものの見方とアサーションの関係

上記の①〜⑧の質問は、分類すると、①と⑤、②と⑥、③と⑦、④と⑧がペアになってつながりがあったり、類似していたりする考え方です。その組み合わせで、アサーションとの関係を考えてみます。

「人を傷つけてはいけない」と「人は間違ったり、まずいことをしたりしたら非難される」（①と⑤）

「人を傷つけてはいけない」の「傷つける」の意味は、ここでは特に「心理的に傷つける」という意味に受け取ります。まず、その考え方について「自分と合っている」（回答の３か４）と答えた人について、考えてみましょう。

その考え方を自分に対して、つまり「私は他者を傷つけてはいけない」と考えている人は、人を傷つけまいと気を遣うでしょう。人と接するとき、相手を傷つけないように控え目な言い方をするかもしれません。傷つけると、してはいけないことをしていることになるので、非難されるのではないか⑤と用心することもあるでしょう。ときに、自分の言いたいことが言えないこともあり、非主張的になる可能性もあります。一方、思いやりのある優しい動きをして、まわりの人から安心してつき合える人と思われているかもしれません。

この考え方を他者に対して、つまり「まわりの人が他の人を傷つけてはいけない」と考えていると、まわりの人に対して厳しくなりそうです。配慮のない人や傷つけるような言動をしていると思われる人に対して、批判的になり、「いけないことをしている」と言いたくなったり、言ったりするかもしれません。一方、このような人は正義の味方になって、配慮のない人に、相手を大切にするよう伝えたり、注意したりすることができる可能性があります。

この考えが、自分にも他者にも当てはまると考えている人は、世間の常識としてほとんどの人がもっている考え方だという立場から、自分にも他者に対しても、そのような言動に留意し、互いにその原則を守って生きようとする可能性があります。

このように考えると、「人を傷つけてはいけない」という考え方は「してはいけないこと＝間違ったこと、悪いこと」をしていることになるので、⑤の「非難される」ことにもなり、非難されて傷つく人も出てくるでしょう。

このような自己矛盾に陥らないためには、この考え方をしない方がよいかというと、そうでもないようです。

この問いに対して、「自分と合わない」（0か1）と答えた人はどうでしょうか。「自分は他者を傷つけてはいけないと思っていない」、「他者は自分を傷つけてはいけないことはない」「誰もが他者を傷つけてはいけないことはない」と考えることになりますが、それも納得できず、2の「どちらでもない」と回答したかもしれません。躊躇する思いが出てくるほど、全面的に反論もできない考え方なのかもしれません。

私たちは人を傷つけないようにしたいし、また傷つけられるのも避けたいと思っていますが、それを絶対に守るべきルールにしてしまうと、現実的ではなくなるようです。よく知り合っていない者同士は、相手がどんなところで傷つくかわからないし、いくら気をつけていても、自分が気づかぬところで傷つけてしまうこともあります。

そんなときは、傷つけたことを認め、どれをどう修復するかに心を砕くことが大切になりそうです。つまり、傷つけまいと必死になるよりも、傷つけてしまう可能性があることを心得て、「そんなつもりはなかった」などと言い訳をして、さらに傷つけないよう、アサーティブにフォローすることが大切なのでしょう。また、自分が傷ついたときは、相手を責めたり、非難したりするのではなく、そのことを穏やかに伝え、再びそんなことが起こらないように話をすることでしょう。

人が傷ついたり、傷つけたりすることには個人差があります。その意味でも、この考え方は個人により異なっている可能性があります。人を傷つけないための配慮は大切ですが、「気をつけていれば傷つけないで済まされるわけではない」と考えることが現実的でしょうか。相手が傷ついたときは、その事実を受け止めてフォローし、自分が気づいた場合は、それを伝えてみるアサーションも大切になるでしょう。

「人のすることは、誰にも認められる必要がある」と「誰からも好かれるようにならなくてはならない」（②と⑥）

この考え方を自分に向けてもっていると、誰からも愛され、気に入られるようにしようと思い、相手の顔をうかがい、「八方美人」的言動になる可能性があります。また、このように思っていると、嫌われないようにするために自分の感じていることや考えていることを言わず、人に逆らわないように用心し、非主張的になるかもしれません。人前に出ていくことを回避したくもなるでしょう。好かれるために、相手に合わせた、相手依存の言動をとりがちになり、自己決定や自分らしさを発揮することができなくなる可能性もあります。一方、他者と葛藤を起こしたり、衝突したりすることは少なく、ストレスフルにはならないでしょうし、子どものときは「いい子」とされ、かわいがられたかもしれません。

もしこの考え方を相手に対して持っていると、相手に対して攻撃的になる可能性があります。親や支援者、指導者や上司、先輩などがこのように考えていると、幼い子どもや援助が必要な人、新しく集団に入った新人などに対して指示、命令し、従わせようとするため、相手は認められようと従うことにもなりかねません。差別をしたりして、相手をありのままでいることを不可能にする可能性もあります。一方、従う相手に対しては、それを認め、面倒見がよく、頼りがいがあり、成長を援けることにもなるでしょう。

逆に、この考え方に「そうは思わない」と回答した人は、「人から認められること・愛されること」は、誰もが望むことであり、嫌われたり、排除されたりすることはつらく、ましてや誰からも受け入れられないで生きていくことはできない、とは思ってないということになります。人が愛され、受け入れてもらいたいと望むことは自然なことではないと思うと、どうですか。自分は愛されないでもいいと思うと、2の回答になったでしょうか。「愛されなくていい」「認められる必要はない」と考えている場合は、自分に自信があるとか、他者に依存しないで自分なりにやろう、などと考えている可能性があり、そのような考え方になったいきさつなどもいろいろあるでしょう。

つまり、人は誰も同じではなく、その人らしく生きていきたいのですが、成長の過程では他者の好みや考え方に影響を受けます。ときに、自分と異なっている動きや考えをもっている人に出会うと、脅威に感じます。同じでないと、嫌われるのではないかという懸念ももちます。差別とは、その結果、強いもの、多数派に属する人が自分たちとただ異なっているだけの相手を「間違いだ」と決めつけ、排除しようとすることですので、その怖れもあります。

実は、違いは理解しようとすることが大切であり、わかり合うと、関係が変わります。そして、理解し合えた人同士はつき合えるようになりますし、皆から好かれないことはあり得ることだと納得できるでしょう。仮にある人に好かれないことがあっても、それはあなたの問題ではなく、相手の好みの問題かもしれません。また、あなたが好きでない相手についても、それは相手の問題ではなく、あなたが相手を好きではないという、自分の好みの都合です。誰もがすべての人を喜ばせることはできないので、自分の好きな人、大切な人とつき合うことにしてもいい場合もあるでしょう。

アサーションは誰からも好かれる方法ではなく、相手の好みに左右されることなく自分をありのままに発揮して、相手もその人らしさを発揮して、それぞれの自分らしさを大切にして互いにつき合っていく入り口だと考えてみるとどうでしょうか。

「危険や恐怖に出会うと、心配になり何もできなくなる」と「人にたすけを求めることは恥ずかしいことだ」③と⑦

人は、危険や恐怖に出会うことを心配します。心配のあまり、それにとらわれて適切な行動ができなくなり、言いたいことが言えなくなったり、心配をしなければならない状況が来ると腹を立てたりすることもあります。

この考え方に3か4と回答した人は、一人で頑張ろうとしたが、たすけを求められず大変な思いの中で過ごし、身動きができない体験があったかもしれません。あるいは、心配性な人からそれを聞かされたりしているかもしれません。

ただ、「心配すると何もできなくなる」という考え方は、その考え方自体が何もできない状態を招きます。逆に、その心配を役に立てようと思うと、いろいろなことができます。不安や心配はコントロールしたり、役立てたりすることができないと思っていると、不安なときはパニックに陥るものだとか、危険や恐怖には対処し難いと思い込むことで、具体的に予防や回避の方法を考えないことになるでしょう。「……が起こったらどうしよう」と考えたまま、そこで止まってしまい、「どうしよう」の内容を考えたり、対策を立てたりしないことになります。致命的でも、回復不可能でもないことがあることにも、考えが及ばなくなります。確かに大惨事になる可能性は皆無とは言えません。しかし、「……どうしよう」で止まるのではなく、考えようとすると対応策は出てきますし、取り組んでみると、新たなアイデアも浮かびます。

もし、心配ごとに対して、一人で対応できそうもないときは、誰かに相談するとか、たすけを求めるなど、他者の支援を頼むこともできます。つまり、上記の⑦の考え方「たすけを求めることは恥ずかしいこと」と考えなければ、「何もできなくなる」可能性は減ります。また、逆に、「人にたすけてもらうことは恥ずかしい」と思っていると、恐怖や不安や心配ごとは、大変な重荷にもなり、途方に暮れるかもしれません。

「このように考えない」と回答した（0か1）人は、心配事（危険や恐怖）があったら、「落ち着いて、考えておけば、どうにかなる」と考えているかもしれませんので、方策も立ち、準備もできることもあるでしょう。それをしておいても対応できないことが起こった場合、それはめったに起こらないことかもしれず、対策が考えられないこともあると覚悟することになるでしょうか。

「ものごとが思い通りにならないとき、苛立つのは当然だ」と「人を変えるにはかなりのエネルギーと力を要する」（④と⑧）

ものごとが思い通りにならないで苛立つときは、自分の苛立ちは相手のせいだと考える傾向があるかもしれません。子どもが大声を出して部屋の中を走り回っていて、うるさいと思うと苛立ち、それを止めようとするかもしれません。つまり、相手を自分の思い通りに動かし、変えようとするわけです。従う人もいるでしょうが、相手からの抵抗、無視、反撃を招くこともあります。そこで、思い通りにしたい人と従いたくない人の激しいやり取りが起こり得ます。挙句の果てには、相手は思い通りにならず、「人を変えるのは大変なことだ」という考え方にもなり、この二つの考え方は真実味を帯びてきます。

さて、この2項目に、そうではない（0か1）と答えた人は、どうでしょうか。例えば、大声を出して騒いでいる子ども、予定通りに動かない部下、手伝いをしない夫や妻に対して、どう考えているでしょうか。

「苛立つのは当然」という考え方をしていないので、おそらく、他者に対して「思い通りに動かそう」とか「変えよう」と考えないでしょう。有名な心理学者は、「過去と他人は変えられない」「自分を変えることはできる」と言いましたが、そのように考えているかもしれません。また、その心理学者は、「自分が変われば、相手が変わる可能性がある」とも言いました。そう考えると、おそらく苛立つことは少ないでしょう。

また、「当然とは考えない」人は、苛立っているのは自分であり、相手のせいではないと思っているでしょう。自分の苛立ちや不満などの感情は、外界の出来事などがきっかけになって起きますが、出来事自体が感情を起こすわけではないと考えるのです。感情は自分が起こしているのであり、その感情は自分のものだと考えると、大声で走り回っている子どもに対して、騒いでうるさいと感じることもあれば、元気で楽しそうだと受け取る場合もあることがあり得ます。また、同じ出来事に対して誰もが同じ気持ちになるとは限りませんので、自分が起こしている感情は自分には当然だが、誰にとっても当然ではないと思うことができるので、相手を変えようとしないでしょう。

他者への干渉は少なく、冷静な態度で接している可能性があり、他者への期待は過剰にならないでしょう。

3　ものの見方・考え方は社会で形成される

ここまで考えてくると、考え方・ものの見方は、人により異なっており、また、人はその考え方によって反応し、行動していることがわかるでしょう。

人間は未熟な状態で生まれますから、生後すぐまわりの人々に世話され、関わり合いの中で成長します。また、人間は「万物の霊長」とか「考える葦」と呼ばれるように、どの動物よりも脳が大きく、思考力にすぐれていますので、言葉のやり取りはできなくても周囲とのやり取りの中で、さまざまなことを考えながら自分の動きと周囲の動きを調整して行きます。赤ん坊は、泣くと誰かが欲求を満たしてくれるとか、まわりの人の声の掛け方もいろいろあり、その意味の違いもあるなど、理解していきます。つまり、赤ん坊のときから、人間はただ外界に反応しているのではなく、外界の反応の意味を考え、学習してより適切な反応をして自分の欲求を満たそうとし、その場に適切な反応の方法も形成していきます。

また、人はそれぞれ、異なる体質・気質をもち、異なる環境に生まれ、異なる家族、地域社会、国の政治・経済制度や風俗文化、気候などの中で成長しますので、それらすべてが周囲の人々の考え方やものの見方をつくってきたと考えられます。私たちは、このようにしてものの見方や考え方をまわりの人々から学習していくことになります。

その考え方と方法は、人間の場合は主として言語のやり取りを通して行われますので、人のものの見方や考え方は、その人が生きる社会的・文化的文脈の影響を強く受けて、言語を通して形成されると考えることができます。家族、地域社会、国は、個人のものの見方・考え方を形成する場として、大きな影響力をもつでしょう。ただ、一人ひとりはその中で自分が生きやすいものの見方を取捨選択していきます。それぞれの考え方は厳密に言うと、異なっていくでしょう。ものの見方という色メガネ、フィルターをかけて現実を観ているわけですから、究極的には万人が一致する真理のような現実は誰もわからないということかもしれません。

このように考えると、厳密には誰もが同じ考え方をしているとは限らないということになり、上記のチェックリストで、一つ一つの問いに異なった答えが返ってきたように、微妙なニュアンスも含めて、その違いが出てきたと考えることができるでしょう。また、それぞれの考え方は、どちらが正しいとか間違っているということでもないようです。人によって、ある考え方は役に立つ場合もあり、役に立たない場合もあるでしょうし、さらに、ある考え方をしていることで、自分の中でも他者との関係でも問題や葛藤を感じたり、起こしたりすることもあるでしょう。

　私たちの反応は、ものごとをどう見るか、どう考えるかによって変わります。例えば、アサーション・トレーニングが非常に有効なトレーニングだと理解しても、全員がトレーニングを受けようと思うことはないでしょう。「それが自分に必要だ」、「トレーニングを受けたい」と考えて取り組む人もいれば、「自分には必要ない」、「トレーニングは受けたいが、時間がない」、「トレーニングを受けても簡単にアサーティブになれないだろう」などと考えて、消極的な気持ちになる人たちもいるでしょう。それぞれの考え方で取る行動は違うということです。

＊

　その意味で、ものの見方・考え方はアサーションに影響します。

　アサーション・トレーニングでものの見方・考え方について学ぶ意味は、人によって考え方が異なることを前提にすると、自分の思いや相手の思いをアサーティブに伝え、理解しようとすることが非常に重要だということを確認するためです。つまり、ものの見方・考え方には絶対に正しい考えとか、間違った考えがあるわけではありませんので、互いの違いを述べ、理解することが何にもまして大切だからです。ある家族、ある地域、ある社会や文化、ある国などで多くの人が学習し、その人たちの間では正しいとか間違っていると思われている考え方はあるでしょう。しかし、その考え方は、異なった家族や社会では間違っていないこともあり得るわけです。逆に、その考え方や見方が個人には合っていないことで、その社会では困惑していたり、適応しづらい人もいるでしょう。

アサーションで気をつけたいことは、上記で検討してきたように、人の考え方は微妙なところで異なっていますが、それは、社会の中で学習してきたことが異なっていること、自分の性格や体質などから自分にふさわしく、自分が生きやすいと思われるものの見方を選択してきたことが関わっている可能性があります。逆に、自分に合っていないものの見方が広がっている社会では、適応しにくい人もいるかもしれません。その意味で、自分の考え方が自分に合っているかを確かめ、教えられたことで自分に合っていない場合は、考え方を変えてもいいし、逆に、他者に対してその人に合っていないことを押し付けないようにすることが大切になります。そんなことを確かめ、互いに理解し合い、それぞれの人が互いに自分らしく生きることができるようになるためにも、それぞれが自分を語り、違いを分かち合っていくのがアサーションであると言えるでしょうか。

毎日、私たちはさまざまなことを考えて生活していますが、その一つ一つについてすべて意識せず過ごしています。問題や葛藤が生じたとき、そこには、考え方が影響している可能性があると思ってみましょう。それは自分にふさわしい考え方なのか、無意識のうちにまわりに合わせていて、自分らしくないのか、確認してみることが必要かもしれません。確認することが自分一人では難しい場合は、誰かに相談してみるといいでしょう。

アサーション・トレーニングでは、考え方をアサーティブにするセッションがあり、自動的に反応している考え方について、仲間と話し合ってみます。そうすると、人々の考え方が異なっていること、自分たちがそれぞれの考え方をしていることがわかり、目の前で起こる現実のさまざまな出来事がより広い視野で理解しやすくなり、その場の互いの関係が変わっていくことがわかります。

考え方をアサーティブにすることとは、正しい考え方をすることではなく、自分の考え方が自分らしさを支えていること、そして他者の考え方が自分と同じでも、異なっていても理解しようとすることで、その人らしさがわかることです。「違い」が「間違い」ではない世界では、さまざまな考え方に刺激を受けて視野が広がり、その豊かさに自由に反応しつつ、自分らしい考え方も確認できるでしょう。

一人ひとりのものの見方・考え方を大切にすることは、自他尊重の自己表現を支える要であり、次章で述べる「一人ひとりを大切にする人権」にもつながるアサーションの基礎でもあることを強調して、本章を結びたいと思います。

第3章

人権としてのアサーション

1 対人関係の不安はどこからくるのか

私たちの日常生活は、なんとなく流れているようで、生活を細かく見ていくと戸惑うことが多いものです。頼まれたことを「断ってもいいだろうか」と思うことや、「これは、迷惑になりはしないか」と気を遣うこと、「ここで自分の思ったことを言うと、相手の気分を害するだろうか」と躊躇することなど、どうすればよいかわからないことが数多くあります。

例えば、あなたが身体の具合を悪くして、医者に行ったとしましょう。診察の結果、「それでは、検査をしましょう。結果が出るまで、この薬を飲んでおいてください」と言われたとします。そんなとき、あなたは、どんな病気の可能性があって検査をするのか、処方された薬は、何のための薬で、どんな効用があるのか聞きたいと思いませんか。そう思っても、聞くべきではないと、黙っていませんか。最近、患者の人権については、尊厳死の問題を含めて、広く認識されるようになりましたので、医者の権威に圧されたり、患者は言われたとおりにすべきと考える人は少なくなってきましたが、それでも、処方された薬の内容をきちんと聞いて、納得して飲んでいる人は少ないかもしれません。そのような行動の背景には、専門的なことについて、素人には聞く権利がないとか、聞いてもわからないだろうといった根拠のないあきらめが潜んでいる可能性があります。聞いてもわからなかったら、わかるように説明してもらう権利もあるのですが、そこまで考えないのです。あるいは、こんなことを聞いたら、医者に権威を軽視したりいやな思いをさせたりして、今後、きちんと診てもらえなくなるのではないかと不安になって、遠慮してしまう可能性もあるでしょう。

また、親友がとても困った状況になって、かなりの額のお金を貸してくれと言ってきたとします。あなたは日頃、お金は貸したくない、あるいは主義として貸さないことにしているとしても、親友の窮状に接して、貸してしまうことはないでしょうか。断ると親友の意味がなくなるし、大変だろうといった気持ちで、自分の行動の決断が鈍ってしまうかもしれません。あるいは、友だち甲斐がないということで、親友を失うかもしれないと、不安になり、断れなくなることもあるでしょう。

このような例は、ほかにも数えあげたらきりなくあると思われます。これらの問題には、第2章で取り上げた、「ものの見方・考え方」に関わる問題が潜んでいます。つまり、自分の判断、言わば「考え方」に自信がないから、アサーションをするか否か、迷っているのであり、アサーションをした結果、対人関係に支障ができ、その後のつき合いが難しくなるのではないかと考えるわけです。

アサーションをしていいかどうかわからなかったり、迷ったりしたとき、もし、私たちに、明確な判断基準があれば、もう少し楽に行動の決断をすることができそうです。

実際、アサーションができない人の中には、表現する内容や言い方に自信がないこともありますが、それに加えて、「断ることはよくない」「迷惑はかけてはならない」「相手の気分を害するようなことは言ってはならない」と考えて、してはならないことに縛られて、したいことを抑えてしまう場合があります。逆に、攻撃的になるときは、自分の立場であれば「やっていいに決まっている」と思い込んでいて、相手を従わせようとしている場合も多々あります。どちらも、自分勝手な考え方によって自他のアサーションする権利を侵していることになります。

一方、アサーションができる人は、自分の考え方によらず、人としてのあり方という確実な基準を知っていて、それを確信して自己表現しています。

本章では、私たちが具体的な言動に迷ったり、自信がないとき、どのように判断をすればよいのか、確実な判断基準はあるのか、それは何かについて考えていきたいと思います。

2　アサーションが必要な場面

話は飛びますが、アサーションの発祥の地は北米です。その考え方と技法は、まず一九五〇年代に行動療法と呼ばれる心理療法の中で開発されました。当初は、対人関係がうまくいかないことで悩んでいる人や、自己表現が下手で社会的な場面が苦手な人のためのカウンセリングの方法として実施されていました。そして、その理論と方法は、現在でもアサーション・トレーニングの基礎となっています。

その後、一九七〇年代に入って、アサーションはより多くの人に知られるようになり、さらに現在に至るまで、より効果的・積極的な人間関係の促進に活用されるようになりました。このような動きを促進したのは一九七〇年に出版され、ベストセラーになったロバート・アルベルティとマイケル・エモンズ共著の「自己主張トレーニング」（東京図書、二〇〇九）です。「アサーションと平等は、あなたの人生と人間関係における完全な権利です」と呼びかける英文のタイトルは、当時の黒人や女性に対する差別撤廃運動の支えになり、北米ではその後もアサーション・トレーニング関係の著書が次々と出されました。

さらに、二人の著書は、二〇か国以上の言語に翻訳され、二〇一七年には第十版が出ていて、世界でもベストセラーを続けています。ちなみに、上記の日本語訳は第九版の改訂新版です。

この本は発売以来、いまだにベストセラーですが、その背景には、世界における人種や民族、性の違い、文化の違いで優劣が決まるといった差別や人権侵害などが続いており、基本的人権の回復と拡張による社会的・文化的変革は、今だに人類の課題になっていることがあります。

例えば、六〇年代の公民権法を中心に始まった人種差別撤廃運動では、アサーションがキング牧師の非暴力運動に大きな役割を果たしました。牧師自身は暗殺（一九六八年）という暴力によって運動の中断を余儀なくされましたが、非暴力を貫き、人権としての平等をアサーティブに訴えた姿は、多くの人々に人権とアサーションの重要性をアピールしました。多くの人が、初めて、攻撃的にならずに、しかも強力に自己の思いを主張する方法を知り、自己主張する権利に目覚め、人権回復の機会を訴え続けています。

また、性差別に対するウーマン・リブ運動も、国際婦人年（一九七五年）を契機に、世界的に、しかも各国の事情に合わせた具体的な形で、女性の地位向上と、機会均等の確保に向けて実質的な動きを展開しています。私がアサーションに出会ったのは、一九七五年ですが、その頃アメリカでは、女性向けのアサーションの本が数多く出版されていました。

また、北米やオーストラリアにおけるヨーロッパ文化が優位であるという根拠のない価値観で先住民の文化の独自性を無視して破壊し、支配した移住者たちの偏見も自らふり返られてきました。近年では、とりわけ権力や権威がある者たちによって無意識のうちに行われる人権を軽視、無視した言葉や言動が注目されるようになりました。

このような人権の再認識・再確認の動きの中で、それまで言動を圧迫され、被差別者の位置に甘んじてきた多くの人々（黒人をはじめとする被差別人種や女性、レズビアンやゲイ、先住民、子ども、障がい者など）、は、自分たちの言動の範囲が拡大されていくのを感じ、同時に、これまでよりも具体的に、明確に社会的に認められる言動についても知ることになりました。つまり、平等とはどんなことか、人権とは何か、人権を行使するとはどうすることなのか、などについて知ることで、自信をもって行動できるようになりました。人権という観点からこれまで許されなかったことを見直し、それは表現し、行ってもいいことだと納得したとき、自分たちの考え方や行動様式を見直す必要にも気づきました。

さらに、これまで差別されてきた人々が一人の人間として自己を最大に生かして生きることを大切にされず、弱者として軽視されたり、ときにはいじめや虐待などの対象となったりするとき、その人たち自身も誰にも与えられる表現や選択の権利を奪われていることにも気づくようになりました。それは本人だけの問題ではなく、社会の人権無視の状態の問題でしょう。

その必要性を後押ししたのが、人権、言論の自由を再確認したアルベルティとエモンズの著書であり、アサーション・トレーニングだったのです。

つまり、アサーションは、うまくできない自己表現や対人関係のための個人的なコミュニケーションの支援法というだけではなく、広く人間の価値や平等に対する考え方として、また、差別などの人権問題で自己表現に自信がない人々にとって、自信をもたらし、有効で必要な対応法として関心が高くなってきたのです。

3　新たなアサーションの広がり

アサーションの考え方と方法は、言わば、ヒューマニスティックな人間観や人間存在の根本と密接な関係があります。そして、人権を基盤とした相互尊重のアサーションによる相互理解は、人間関係の質を大きく変えます。

現在では、一般には、広く日常生活の中で起こりがちな常識や習慣によるつまずきを予防するために、また、知らなかった、あるいは身についていない対人関係スキルのトレーニングのために、そして相互理解に基づく関係の確立のために、積極的に活用されるようになりました。

また、その応用範囲もどんどん広がっており、次のようなところでトレーニングが行われています。

その一つは、面接試験などです。誰もが一度ならず体験している面接試験で、上がってしまったり、また、不用意なことを質問されたりして、自分を十分アピールできず、すごすごと退室することがあるものです。そんなとき、私たちは自分のありのままの姿、さらに自分のベストをＰＲすることが必要です。日頃からアサーションを心がけると、あるいは自己ＰＲのためのアサーションを練習しておくと、安心できます。北米では、職業紹介所（日本のハローワーク）などで、求職者のためのアサーション・トレーニングが開かれています。

また、対人関係でストレスの多い職業に就いている人々へのアサーション・トレーニングも必要になってきました。特に、看護職、福祉職、介護職、教師、カウンセラー、医師、牧師、サービス業など、待ったなしの人々へのサービスやケア・支援が中心となる職業に就いている人々は、ともすると自分を犠牲にして、また自分の限界を超えて他者を優先しがちになります。そこでは「燃えつき症候群」が問題になり始めています。そんな人たちの人権と精神的健康の保護・維持のためには、自分も相手も大切にするアサーションが必要です。

さらに、アサーションは、留学生や海外で仕事をする人々、習慣や文化の異なる人々と国際的活動をする機関で働いている人々などの多文化間交流にも活用されています。異なった文化や価値観、生活習慣をもつ人々、少数派や弱者の立場に追い込まれている人々が正当に理解され、自分の文化に根差したありようを大切にし、違いを理解し合いながらつき合っていくことは、まさにアサーションの精神であり、国際化社会に不可欠なポイントだからです。

近年、とりわけアサーションが活用されているのは、家庭と学校、職場においてです。北米やヨーロッパでは、まず、女性のための自己表現トレーニングとして取り入れられたアサーションは、家族関係を含めて、対人関係において社会的な経験が少ない女性に対して、あるいは役割機能の差別の中で、女性の地位向上、不当な差別やセクシュアル・ハラスメントの予防などのために、女性を支援するために始まりましたが、現在もその動きは止まっていません。

日本でも今、職場におけるアサーションのニーズは高まってきました。上司と部下といった力の差がある関係における人間尊重の確立と組織における一人ひとりの個性と潜在能力を重視したマネジメントとのために、また働く人々の創造性と潜在能力の発揮による組織への積極的関与と社会貢献への自発的参加のために、アサーション・トレーニングは広く取り入れられています。つまり、職場におけるアサーションは、職場のよりよい人間関係づくりだけのためだけではなく、人材育成のためにも、目標による管理のためにも、より積極的な意味づけがなされ、自他尊重の自己表現による人間関係を基礎とした仕事への関わりが重視されるようになってきました。

働く人々の自由な発想や積極的な発言は、より創造的な製品開発や組織運営を促進することになり、新人研修や数千人の中間管理職全員にアサーションの訓練を実施する企業も出てきました。さらに、コンプライアンス（社会のルールや期待に即した経営）の推進などには、人権を基礎とした自由闊達な交流が必須です。アサーションが生かされている職場は、信頼に基づいた職場環境があり、職場内でも対外的にもアカウンタビリティ（信用性）が高い組織になっていきます。

逆に、競争と成果主義の優先される職場では、管理職による「攻撃的言動」が目立ちます。依頼すべきことの命令、激励型の押しつけ、説教型の説明、詮索型の質問などがあり、無意識の「パワハラ」が問題になっています。それに対して非主張的な部下は、疑いをさしはさむ余地もなく上司に従い、半ばあきらめの境地で仕事をしています。「仕事のため」「家族のため」という言い訳には、実際「仕事のために家族を軽視」し、「家族のために仕事を優先」しているアサーティブでない言動が潜んでいますが、ひたすら家族と自分の忍耐とあきらめに依存して仕事中心の生活を送り、挙句の果てに、「攻撃的な」上司のもとで「非主張的な」部下は、「攻撃的な」家族の一人にもなって、全体として誰かを犠牲者にして社会生活が成り立っている場合もないではありません。それを残業の禁止、個人的事情の尊重といったルールで避けようとしている職場もありますが、その結果、中間管理職のオーバーワークがもたらされます。

このような対人関係やものごとの進め方は、一人ひとりを大切にしたあり方ではありません。結果は、責任を負う位置にいる真面目で有能な人々のうつ病や突然死となって、働く人のメンタルヘルスにSOSが出始めています。そんなひずみをなくすためにも、心ある企業は、個人の成長はもとより、メンタルヘルスの予防のためにもアサーションを取り入れ、その精神とスキルを学んでいます。

アサーションはまた、学校でも大きな役割を果たし始めています。教師と生徒、親と子といった人間関係の場では、力や知識の差がある上下関係が生じます。上にいる人は攻撃的になりやすく、下にいる人は非主張的になって、それがあたりまえのように思われていることも少なくありません。しかし、その関係を人権の視点から見直すと、知識も力もない子どもは自己表現を控えて語らない子どもと、逆に自己表現を抑えた挙句、まわりに暴力で訴える子どもの姿が思い浮かびます。教師が子どもの権利を尊重し、教師同士の関わりをアサーティブにし、またＰＴＡの父母たちとよりよい教育環境をつくっていくためにも、アサーションの考え方は学校で広がっています。

今後もアサーションは、人が大切にされ、人権尊重が必要な場では、どこでも活用され、広がっていくでしょう。

４　基本的「アサーション権」とは

第１章でアサーションとは、「自分の権利のために立ちあがり、同時に相手の権利も大切にする自己表現」と述べましたが、言いかえれば、「自他の権利を侵さない限り、自己表現をしてもよい」という意味になります。アサーションのよりどころは、自己表現の権利という基本的人権を認めることにあります。人権とは、生まれながらに誰もがもっている権利をいいます。したがって、アサーションは、誰もがもっているアサーションの権利、すなわち「アサーション権」を認めるところから出発するわけです。

アサーション権は、よりよい人間関係の基礎です。人との信頼、思いやり、親密さなどを育んでいくには、誰もがアサーション権を知り、そこに確信をもつことが大切です。

（1）頼まれごとを断るとき、いけないことをしているような気がして、罪悪感を感じたりしませんか？
（2）人から大切にされていないとき、自分が劣っているからだと思ったりしませんか？
（3）自分の欲求や希望を言うときは、控え目にするべきだと思っていませんか？
（4）疲れたり、落ち込んだり、嬉しくなったり、腹を立てたり、寂しくなったりしたとき、それを表現してはいけないと思っていませんか？
（5）何ごとにも失敗してはいけないと思っていませんか？

もし、あなたが右にあげたようなことを感じることがあるならば、あなたは性、役割、年齢、地位などによる固定化されたイメージで行動をしていて、そのために自信がなくなっているかもしれません。つまり、人間が生まれながらにして基本的にもっているアサーション権を知らず、社会の中でつくられ、教え込まれたものの見方、考え方、常識や価値観を優先して、自分の言動を制限している可能性があります。アサーティブな言動は、そのような自他を差別する基準ではなく、人権尊重を基準にして始めます。

アサーションに関わる権利は、具体的に数えあげると一〇〇以上あるといわれていますが、ここでは基本的なものを取りあげます。誰にも認められているアサーション権を知り、確信をもってそれを大切にしようとする意志をもちましょう。

アサーション権Ⅰ

私たちは、誰からも尊重され、大切にしてもらう権利がある。

これは、人権の基本ともいうべきものです。この人権は、言いかえれば、人間の尊厳は誰からも侵されることはない、という意味になります。もし、この考え方に納得し、確信することができれば、アサーションは当然のことになります。つまり、人間が尊重されることは、人間の気持ちや、考え、意見、価値観も尊重されるということですから、例えば、誰でも欲求をもってもよく、その欲求を大切にしてもらいたいと思ってもよいことになります。さらに、自分の希望を述べて依頼をしてもよく、自分の意見をもち、それを表現してもよいのです。

私たちは、誰でも欲求をもってよいし、その欲求は、他の人の欲求と同じくらい大切にしてほしいと思い、その欲求を大切にしてほしいと頼んでもよいのです。この人権については、言われてみればそのとおりだと思う人は多いでしょう。ほとんどの人は、わかってはいるものの、なかなか実行できないと思うのではないでしょうか。

先にあげた例の中の（2）「人から大切にされていないとき、自分が劣っているからだと思ったりしませんか？」という質問は、アサーション権と深い関係があります。自分が大切にされていないと感じたとき、自分は取るに足らない人間だからとか、自分の意見はたいしたことはないからとか、あの人の方が優れているからと思っているとすれば、それは基本的人権を知らないか、確信がないことで、自分で自分の価値を決めていることになります。また、あなた自身が自分を大切にしていないことにもなります。また、例（3）の「自分の欲求や希望を言うときは、控え目にするべきだと思っていませんか？」も、アサーション権と関係があります。目上の人や権威者に向かって、控え目であるのがあたりまえと思っている人は多いようですが、相手の立場や考えを大切にすることと、自分が目下だから自分の欲求や希望を容認するのは相手であって自分ではないと考えることは同じではありません。相手次第でかなえられたりかなえられなかったりするということは、自分が目上の位置にいるときは、相手の欲求を操作できるということにもなりかねません。

　このアサーション権を使えていない例には、このほか以下のようなものがあるでしょう。家庭の事情で休みたいとき、それほど緊急ではないような言い方で一応言ってみる、だめそうなときはやめる。逆に、上司は、家庭の事情で休むといった欲求は堂々と表現すべきではないと思っている。仲間と食事に出かけ、自分以外のメンバーが同じものを注文し、自分は他のものを食べたいと思っていても、ここは自分が我慢すればことは丸く収まると希望を言わない、など。

　また、欲しいオモチャをねだらない子、小遣いが余計にいるときでも決して言わない子、行きたいところ、買いたい物など自分の意見や欲求、気持ちを述べない子も、おそらく親に自分の欲求を言ってはならないとか、親の権威には逆らえないとか、自分の希望は親によって決められる、といった体験があり、言ってみていい権利を知らずに成長していきます。自分の思いをわかってもらえないで、他方で「いい子」とされている子どもは、次第に欲求や希望をもつことをあきらめる習慣がついていきます。欲求を意識すると自分の中に欲求不満がたまるので、そんな希望はもたないようにし、長じて「（３）欲求は控えめに」を自己の行動基準にしているかもしれません。

　さらに、その考え方は、自分が権威ある立場になったとき、子どもや目下の者に向かって「欲求は控えめに出すべき」を適用しがちになります。権威に弱い人に限って、権威的な言動をしますが、それはこのようなメカニズムによって起こっている可能性があります。

数人で出かけた旅行先で観光の場所を決めるのに迷う人、洋服やネクタイを買おうとしても選べない人、会議の席で自分の意見がまとまらなくて言えない人などの中には、自分の欲求や希望を大切にしてこなかった人がいるでしょう。

あるアサーション・トレーニングで、ある女性が体験談をしてくださいました。その方は、郊外に住んでいて、バスがなくなる時間には、夫を車で駅まで迎えに行くことになっている専業主婦でした。アサーション・トレーニングで人権について学んだ日の晩、風呂に入ろうとしていたら、夫から電話がかかってきました。彼女は、「あら、ちょうどお風呂に入ろうとしていたんだけど、すぐ行くから、少し待ってね」と言って、夫を迎えて帰ってきました。いつものとおり、お茶づけの用意をし、夫の前に座ったら、夫が、「風呂に入ろうとしていたんだろう、入ってくれば」と言ったのです。いつもならば、お風呂はあきらめて、何となく夫につき合っていたのですが、夫から言われたことにびっくりしたと同時に、その日はすっかりいい気分になってお風呂に入ったのだそうです。思わず言った「風呂に入ろうとしている」という自分の表現が、夫の気分を悪くするどころか、それを覚えていて、気遣ってくれた夫に感謝したということです。「アサーション権を学んだ日だったので、気が楽になっていつもなら言わないことを言ったのだと思います。これまで、自分の欲求を言ってはいけないと思い込んでいた」、とあらためて気づいたということでした。

もし、あなたが、自分の欲求や希望は言えないという考えをもっているとすれば、それを人権という観点から考え直してみましょう。そのような権利が、もし相手に許されていると思えるならば、あなたにも許されていると思っていいのです。また、言ってもすべてがかなえられるわけではないでしょうが、それを怖れて、自分の人権を自分で否定することは自他尊重ではありません。

つまり、何よりも大切なことは、人権はあなたも相手も同等にもっていることを忘れないことです。相手が自分の考えや欲求をもってよいように、あなたももってよいわけなので、葛藤が起こる可能性はあります。したがって、葛藤を怖れていては、希望や欲求は述べられないことになります。逆に、私たちの日常には小さな葛藤やもめごとはあたりまえにあり、互いに一致することの方が少ないこと、だから互いの希望を述べ合う権利を大切にし、互いに理解し合い、歩み寄ろうとする努力も必要です。

アサーション権Ⅱ

私たちは誰もが、他人の期待に応えるかどうかなど、自分の行動を決め、それを表現し、その結果について責任をもつ権利がある。

この人権は、要約すると、あなたは自分自身についての最終的判断権をもっているということです。あなたは、自分がどんなふうに感じ、どう考え、どんな行動を取るかについて、決めたり、判断したりしてよいのであり、その結果について、責任を取ることができるのです。わかりやすくするために、少し極端な言い方をすれば、他人がどう思おうと、あなたの感じ方や考え方はあなたのものであり、他人と同じ感じ方や考え方をしなければならないということはありません。あなたには、それを主張する権利も、変える権利もあるということです。

ということは、逆に、他者も自分の行動を決める権利をもっていますので、互いに、自分を変えることはできても、他人を変えることはできないということです。有名なアメリカの心理療法家で「交流分析」という心理療法の考え方と方法を開発したエリック・バーンは、「過去と他人は変えられない」と言いましたが、これは、あなたにも相手にも当てはまります。

例えば、今日は仕事が終わったら真っすぐ家に帰って、家族と団らんのひとときを過ごそうと思っていました。ところが同僚に、一杯飲んで帰ろうと声をかけられました。「今日は、帰りたい」と言ったのですが、さらに「ちょっとぐらい、いいじゃないか」と誘われたとき、あなたはどうしますか。行動を決定した後、そのことについて後悔したり、後味の悪い思いをしたりしませんか。

しつこく誘われて、相手に押し切られた形になって行ってしまうことはあります。そんなとき、行きたくなかったのに、家族に何と言い訳をしよう、などとくよくよしたり、別の言い訳をしたりしませんか。また、家族に約束したので仕方がないと同僚に言い訳をして誘いを断って、同僚が気を悪くしたかもしれない、家族の約束も断れないし、などと落ち着かなくなったりしませんか。

いずれの場合も、このような後悔や気がかりは、自分の決断に責任を取っていないことになります。相手がしつこく誘おうと、そうでなかろうと、一緒に行こうと決心したのであれば、それはあなたが決めたことであり、決めていいのですが、「行く」と決めた瞬間、その決断の責任はあなたが取ればいいのです。つまり、「行く」と決めたのはあなたなのですから、行きたくなかったのにと相手に責任をかぶせることはできませんし、家族にも「行く」ことにしたあなたの気持ちを理解してもらう努力をする責任があるでしょう。

同僚に断ったときも同じことです。家族との約束を守ろうと決心し、誘いを断ったのならば、それはあなたの決めたことで、家族の責任ではありません。同僚が気を悪くしないように配慮して断るのもあなたの責任においてすればいいのです。

次の例もアサーション・トレーニングの後に、感想として語ってくれたある共働きの中年の女性のお話です。彼女は、共働きでありながら、ほとんどの家事を一手に引き受けていて、特に毎日の夕食の支度が負担でした。しかし、夫はほとんど料理をしたことがなく、彼女は今さら分担を言い出すのも面倒で、この状況では自分の義務としてやるしかないと思い込んでいました。ところが、アサーション・トレーニングで、自分の行動を決める権利は自分にあることを学んだとき、考えがすっかり変わったのだそうです。つまり、「夕食の支度をするかどうかを決める権利は自分にあるのだ。やるしかないのではなくて、やってもよいのであり、逆にいつでもやめてもよいのだ」とわかった途端、意外なことに、夕食をつくることがそれほど負担でなくなったと。

相手ができないから、あなたにやってもらいたいと思っているから、という理由だけで、あなたがそれをしなければならないということはありません。あなたがしようと思えばやればいいし、自分で決めたのですから、できる限りでそのことに責任を取ればいいのです。自分で決めたことには、責任を取らなければならないのではなく、取ることができると思ってみましょう。

自分で決めて、行動しておきながら、それが相手の希望をかなえることであったりするときに相手のせいでだと考えるとするならば、それは自分の決定権、判断権を放棄しているのであり、自分の決めたことを他者の責任にしようとする操作的で、甘えた生き方です。自分で決め、そのことに責任を取る権利は、他者から押しつけられた義務としてではなく、自分のものとして行使したいものです。

アサーション権Ⅲ

私たちは誰でも過ちをし、それに責任をもつ権利がある。

この人権は「人間である権利」とも言われ、「ヒューマン・エラーの権利」と考えることができます。神ならぬ人間は完璧ではなく、失敗や過ちをしない人間はいません。ヒューマン・エラーはありうるので、その結果に責任を取るのも人間だということです。ヒューマン・エラーはあってはならないのではなく、あるからこそ、リスク・マネジメントがあり、また失敗を償《つぐな》う方途もあるのです。

意図的なルール違反や欺瞞《ぎまん》と、人間の不完全さから起こる失敗を区別しましょう。ルール違反や欺瞞は、前もって決められたルールにのっとって裁かれることになりますが、人間の不完全さからやってしまう過ちは、互いにそれと認め合うことが重要です。認めることから可能な償いを探ることが始まり、実際、そんな過ちをしたとき、人は謝り、できる限り償いをしたいと思うものです。例えば、間違ったことを伝えたときは訂正したいし、悪意なく言ったことが相手を傷つけたときは謝りたいでしょう。大失敗をしたときは、どうすればそれを償うことができるか、考えたり相談したりするでしょう。

人間としての失敗には償いのチャンスをつくることが大切です。人間としての過ちがいきなり攻撃されたり、責められたりするとき、人は脅える（非主張的）か、反抗する（攻撃的）かになりがちです。それは可能な償いをするチャンスを失った状態であり、言わば、人間として生きてはいけないといわれたようなものです。このようなヒューマン・エラーを考慮しない厳罰や本人を無視した修復は、事故やミスの防止には役に立たないばかりか、逆効果になるでしょう。本人が気づかぬ過ちは本人に知らされ、修復の機会を与えられて初めて防止に役立ち、責任を取りたい本人の気持ちと権利が行使されるのです。安全対策や危機管理はヒューマン・エラーを前提にして考えられていることが重要です。

ただ、完璧でない人間が取れる責任は限られており、人間の過ちや失敗には、完璧な償いができないこともあります。自分の起こした交通事故で人が死亡してしまったとき、その人の生命を回復することはできませんので、できる限りの償いをするしかないように、また、子育てに失敗したことが後でわかっても、取り返しがつくこととつかないことがあるように、人は失敗の結果を可能な限りで引き受けていくのです。つまり、ヒューマン・

エラーには完璧に償う義務はなく、責任を取ることができる、と考えましょう。そこに私たちの「赦《ゆる》す」気持ちや行為が生まれ、それができるのも人間です。

もし、私たちが、すべての失敗に対して責任を取る義務があるとすると、完璧に償えないような失敗はできないので、失敗するようなことはしてはならないということになり、身動きが取れなくなってしまうでしょう。失敗してはいけないと思っていると、失敗したときに「しまった！」と思い、それを隠したくなったり、うろたえたりします。失敗は恥ずかしいので、失敗するようなことをさせる人を恨みます。失敗をしてはいけないので、二度とそのことをしたくなくなります。また、そんなことになるのを怖れて、その体験に似たようなことが起こりそうな場を避けます。

赤面恐怖の人や自分の言動に自信のない人は、「人間である権利」「失敗する権利」を知らないか、行使してないかもしれません。赤面恐怖の人は、何かに失敗して以来、そのことを恥ずかしいと思っていて、それに近いことが起こると、赤面します。例えば、学校で音読をさせられたとき、詰まって読めなかったとか、発言をしたら皆から笑われたときに、それはやってはならない失敗だと思っているので、緊張し、その身体反応が赤面や冷や汗になります。それが恥ずかしいので、隠そうとするのですが、同じような場面になると、また失敗し赤面するのではないかと緊張し、また、自分の考えていることがバレるのではないかと思った途端赤面したりもします。ところが、「赤面してもいい」とか、「恥をかいてもいい」と居直った途端、赤面しなくなる人、赤面がまったく気にならなくなる人は多いのです。

失敗をしてはならないと思っていると、失敗するような人間はだめ、たいしたことない、という評価をしがちになります。自分がだめにはなりたくないので、失敗を認めることができなくなります。失敗したことを隠したくなるとき、それは自分がだめというレッテルをはられたくない心理が働いている可能性があります。さらに、失敗をしてはならないとすれば、失敗したとき、責任を取ることが大変です。してはならない失敗の責任は、成功しかないからです。つまり、失敗してはならないという前提でものごとを進めると、責任を取ることが義務になります。成功の可能性が保証されていない、義務としての責任がともなうことは誰もしたくないでしょう。失敗することはあるが、そのことに責任を取る人権があるから、逆に、私たちは成功するまで試行錯誤ができるのではないでしょうか。

また、失敗をしてはいけない、失敗するような人間はだめという考え方は、自己卑下につながります。結果的に、失敗ばかりに気を取られ、失敗だけが自分の中で累積《るいせき》されて、自信がなくなります。失敗して、やり直しをし、修正を加えて成功した経験のある人はそのことに自信をもっています。また、何度かやり直しをしても成功しなかった人は、自分ができないことがはっきりわかるので、そのことをしない決心ができます。つまり、断ることができるので自信があります。一回失敗しただけでやり直しをした体験のない人、成功の可能性があることばかりをして失敗したことのない人は、なかなか自信がつきません。多様な体験がなく、安全圏でしか動かない人は、新たなことに直面すると、自信がないので躊躇し、失敗を恐れて挑戦を控えます。いつまでも新たな体験や失敗から得られる学習の積み重ねがなく、自信をつけるチャンスを逃しているのです。「失敗をしてはならない」は、非合理的思い込みでもあることを確認しましょう。

失敗や過ちは人間の権利だからこそ、「失敗は成功の母」になるのでしょう。ただし、先にも一言触れましたが、憲法をはじめ法律やあらかじめ取り交わされた契約、職業倫理などの違反、いわゆるルール違反や欺瞞による失敗に対しては、前もって定められたことを履行《りこう》する義務がともないます。義務は、前もって明文化されている場合が多く、できる限りの償いというよりは定められた通りに義務を果たす必要があります。

アサーション権Ⅳ

私たちには、支払いに見合ったものを得る権利がある。

私たちが買い物をしたり、サービスを受けたりするとき、支払いに見合ったことを要求してもいいということです。この権利は、一見あたりまえのようですが、実際の場面では十分に行使できていない人が多いようです。例えば、気づかないで傷物の洋服を買ってきたとします。当然、その欠陥は売った側に是正《ぜせい》してもらってもいいのですが、その要求をすることで葛藤が起こるかもしれないことがいやで、泣き寝入りをする人がいます。医者に行って、きちんと診療費を払っているのであれば、自分の要求や聞きたいことを言ってみてよいのですが、それが言えず、何のためだかわからない注射をされ、効かない薬をもらって帰ってきてしまうことはないでしょうか。

　こんなとき、アサーション権を思い出してほしいのです。ただし、この権利を使うとき、攻撃的になる人がいます。自分の支払いに対して見合ったもの、対応を要求してもよいのですが、相手にも失敗する権利がありますので、相手を尊重したアサーティブな要求が何よりも大切です。アサーティブに要求して、それでも相手が拒否するときは、攻撃的にならず、再びアサーティブにお願いをくり返してみましょう。相手が攻撃的でない限り、あなたの要求がわかってもらえる可能性は高いでしょう。攻撃的な相手には、アサーションの練習が必要ですので、後に述べることにします。

　私の体験ですが、あるとき、八百屋でジャガイモを買って帰りました。いざ調理をしようとしてジャガイモを二つに切ってみたところ、中が真っ黒になっていました。二つ目を切っても、三つ目を切っても同じようになっていました。そこで、私は買ったジャガイモをもって、八百屋に行き、結果を伝え、取り替えてもらう交渉をしました。もちろん、よいジャガイモに替えてもらえたのみならず、「こんな物を売っていたとは知りませんでした」と、大変感謝され、おまけまでいただいて帰ってきました。この権利は、自分のためだけでなく、相手のためにも役立つことがあるようです。

アサーション権V

私たちには、自己主張をしない権利もある。

これはとても大切な人権です。アサーション権には、もともとこの権利も入っているのですが、ここであらためて取りあげたのは、「アサーションしてよい」となると、つい「アサーションしなければならない」と思ってしまう人が多いからです。この人権は、アサーションができるようになったら、アサーティブにしないことも選べるという意味です。したがって、アサーションすることも、しないことも、相互尊重の精神の下で自分の責任で選べばよいし、その結果も引き受ければよいということです。

つまり「アサーションしない」ことは、非主張的な人が、主張できないことで落ち込んだり、相手を恨んだりすることではありません。自分が「しない」と決めたのですから、それは相手の責任にはならないのです。

例えば、ラーメン店に入って、塩ラーメンを注文したのですが、醤油ラーメンがきてしまいました。そこで、自分の注文した物に取り替えてもらいたいと伝えることは、アサーションです。しかし、急いでいるので時間が気になるし、醤油ラーメンが嫌いなわけでもないので食べてしまおうと決心することはアサーティブな自己選択、自己決断です。あるいは、自分の話を聞いてくれず、聞いてもらおうとすると感情的になり怒りをぶちまける人を前にして、アサーションをしてもかえって相手の怒りが高まる可能性を考えて、アサーティブになることをやめてもいいということです。アサーティブになることをやめる決心をすることはアサーションによる選択であり、自己決断です。

時間のロスを考えるとアサーションに値しないと思ったとき、あるいは、アサーションすることが身の危険や時間のロスにつながると考えられるときは、アサーションしない権利を使うことができます。ただ、そこで大切なことは、先にも述べたとおり、その権利を使った後、相手を恨まないことです。

あるアサーション・トレーニングでのことですが、「アサーションとは」どんなことかを習った後、大いに納得し、感動したある女性が、会社に出かけても、家族と話すときにも、一生懸命アサーティブになろうと努力していました。ところが、あるとき、周囲の人から「あなた最近変だ」と言われたのです。確かに彼女は、元気になり、それ以前より言いたいことや感じていることが言えるようになったのですが、いちいち自己主張するので、不自然に見えたようです。自己主張してもよい、ということは、しなくてもよいということです。アサーティブな表現とは、主張したり、表明したりすることだけではなく、主張しなかったり、言わないと決めたりすることでもあると覚えておきましょう。

ここにあげたアサーション権のほかに、身近なものとしては、

「罪悪感や利己的な感じをもたずに依頼を断る権利」

「聴いてもらいたいとき、まじめに受け取ってもらいたいとき、それを求める権利」

「一人になりたいとき、一人になる権利」

「決断をするとき、非論理的である権利」

「他人と違う権利」

などが、日常生活で役立つでしょう。

再度確認しておきたいことは、権利は「……してもよい」「……することが生まれつき許されている」という意味で、「……しなければならない」という意味ではありません。

また、アサーション権は誰にでもありますが、すべてのものごとがそれによって保障され

ているわけではありません。人権は所与のものですが、それがただちに他者から与えられるという保障はないのです。つまり、すべての権利は、それを行使する人間がいて初めて生きるので、行使しようとする意思と責任がともないます。そこを間違えないように、アサーション権を十分認識し、確信をもって行動したいものです。

＊

最後に、権利について留意すべきことを述べておきましょう。

第一は、ここに述べたアサーションに関する権利は、自分にあると同時に他者にもあると心得ることです。したがって、ときには、権利が葛藤を起こすこともあります。私たちには、「依頼する権利」がありますが、一方、私たちには「依頼を断る権利」もあります。依頼したい人と依頼を断りたい人がいるとき、そこでは葛藤が起こります。それは人権を侵したことでも、悪いことでもなく、一人ひとりが異なっている人間関係の場では、異なったことを思い、それが対立するように見えることがあるわけです。それは起こり得る現実なので、そんなときこそアサーティブに話し合い、歩み寄ることが重要です。あえて言うと、アサーションは、葛藤や行き違いが起こったとき、互いのことをきちんと理解し合い、話し合うためにある考え方と方法と言っても過言ではないでしょう。

第二は、アサーション権と役割に付随した権利とを混同しないことです。基本的アサーション権は誰にでも与えられていますが、役割にともなった権利は、その役割を取るために、公式、非公式の約束、契約、規則として与えられます。それは地位、役割、責任、技量などによって裏づけされた権利であり、取り決めの中で与えられています。例えば、親と子、医者と患者、雇用者と従業員などは役割による権利の違いがあります。雇用者は従業員を雇い、解雇する権利をもっていますが、従業員にはその権利はありません。その代わり組合をつくる権利が与えられています。またその取り決めの中には、契約を守る義務、守らなかったときの罰も決められています。雇用者は、従業員に、契約に従って、賃金を払う義務があり、従業員は賃金に見合った、契約で約束された働きをする義務があるといえるでしょう。この例でもわかるように、権利は、所与のものと約束によるものがありますが、義務は、約束によって生じることが多いと考えることができるでしょう。

第Ⅱ部　アサーティブな自己表現の方法

第4章　アサーティブな言語表現

1　言語表現のための心構え

a　言葉によるコミュニケーションの重要性

言語表現、特に言葉は、私たちの強力な伝達手段です。アサーションとは、簡単にいうと、私たちが思っていることや、感じていることをどのように言葉に出して表現するか、ということです。それはいかにコミュニケーションをするかということでもありますが、コミュニケーションには言語的なものと非言語的なものがあるように、アサーションにも、どのような言葉を使ってアサーティブに表現するかという部分と、言葉以外の表現をいかにアサーティブにするかという部分があります。本章では、「言いたいけれど、どんなふうに言ったらいいのかわからない」とか、「いつもこんな状況になると、言葉が出てこない」、「これはアサーティブな言い方なのだろうか」など、言い方、言葉の使い方に戸惑ったり、つまずいたりしたときの参考になることについて学んでいきます。非言語的なアサーションについては次の章で述べます。

あたりまえのことですが、言葉によって私たちが自分の思いを伝達するには、それを表現するための適切な言葉遣いや言い方を知っている必要があります。多くの場合、私たちは言葉によるコミュニケーションを必要に迫られ、ある意味で自然に覚えていきます。ある場面や状況に出会ったとき、自分の欲求や意思を伝える必要に迫られ、その方法を学ぶ機会を得ることになります。しかし実際、私たちはあらゆる場面に出会っているわけではありませんし、出会っていたとしても、必ずしも適切な表現法を学んでいるわけでもありません。

例えば、無口な両親の下で育った子どもは、家庭で言語表現に接する機会は少ないわけですから、さまざまな言葉を聞いたり、話したりする機会は少ないでしょう。逆に、おしゃべりな両親の下で育った子どもは、あふれるほどの言葉や表現法を聞き、知っている可能性があります。しかし、表現法や言葉を知っていても、それをいかに適切に使うかという場面になると、少ない言葉でもそれを適切に使うことができる場合もあれば、多くの言葉や表現法を知っていてもそれが適切に使えない場合もあります。

また、現在、私たちのまわりにはテレビの映像やメールなど視覚を中心としたコミュニケーションが増えています。逆に、パソコンやメールでの会話が増えたことに象徴されるように、言葉を聞く交流は少なくなりました。特に便利さや迅速な言動をよしとする社会では、挨拶もなくなり、店員とのやり取りが必要最低限で済むコンビニやスーパーでの買い物が多くなりました。三人や四人の核家族では、全員が顔を合わせることも減り、決まりきった会話で日常が過ぎています。人々が直接話し合ったり、要求を交わしたり、意思を確かめ合う機会は少なくなっています。

現代人は、一見、多様な生活に恵まれているようでありながら、自己表現の場を避けることもできるために、その機会は減り、表現は下手になっています。表現力や対人関係の能力は、多様な人間関係や複雑なやり取りの中で訓練されるので、決まりきった生活パターンや少ない人間関係の中ではコミュニケーション能力は発達しにくい状況です。人々はよりよい人間関係を望みながら、人と関わることがなく、その結果、表現する力も関わる能力も向上しないという悪循環に陥っています。例えば、テレビやマスコミ、インターネットが発達してない時代には、生活に必要な情報は人と話をすることによって得ることが多く、子どもは親の話に耳をそばだてて聞き、言葉を覚え、話し合ったように思います。また、さまざまな立場や年齢の人と接する機会も多く、親はそのような場面の言葉遣いや表現法を子どもにていねいに教えました。それらは何度か使っているうちに身について、単に言葉や言い方だけでなく、やがて状況や文脈に応じた表現をすることができるようになっていきました。それがいかに役立つか、社会人になってみるとよくわかったものです。

しかし、ＩＴ化された現代は、そのような訓練の場面がないだけでなく、文字によるコミュニケーションが優勢になって、細やかなニュアンスを伝える視聴覚情報（声の調子や身振り・表情など）のともなわないコミュニケーションが増えています。職場では隣席の人にメールを送り、家庭でも用事以外の声かけは減りました。形式的な挨拶はしても心はこもっていないとか、お世辞は言っても心底ほめることはないとか、黙っていることが同意をしたことになり、きちんと反対する場面は少ないなど、はっきり意思や気持ちを伝え合い、わかり合って親密な関係をつくることができなくなっているように思います。これは、いざというときにたすけ合えない典型的な現代人の孤独な姿を表しています。

アサーション・トレーニングでよく出てくる課題に、「人と異なった意見や感じを言えない」「権威者や自分に影響力をもつ人と自然に会話ができない」「援助や依頼を断れない」「押し売りを断れない」といったテーマがあるのは、多くの人がこのような場面に慣れていないということでしょう。こんなやり取りにもアサーションの課題があることがわかります。私たちが自分を表現して理解してもらい、他者の表現を聞いて相手を理解することは、自分と相手の同じところや異なるところを理解した結果、新たな関係がつくられていくプロセスです。理解し合うことが新たな関係性の形成につながり、互いにケアしたり、協力したりする相互尊重のある関係が強まるでしょう。そこに、一人ひとりが自分らしく、同時に他者と喜怒哀楽を分かち合い、共に生きていく道は開かれるのでしょう。

b　言語表現の二つの場面

私たちの日常は、言語的コミュニケーションに満ちています。それらの多くの場面をわかりやすく分類する方法はいろいろあると思われますが、ここでは、アサーションを学ぶ人の得手、不得手の観点から、大きく二つに分けて考えてみたいと思います。その一つは、ものごとを機能的に方法や手順に従って進めるといった議論や課題達成・問題解決の場面でのアサーションで、もうひとつは、日頃何気なく交わしている日常会話のつき合いや人間関係の場でのアサーションです。

わかりやすく言い換えると、仕事をしているときのアサーションと雑談をしているときのアサーションということもできるでしょうか。

アサーション・トレーニングに参加している人々の中には、意見を述べたり結論を出す必要があったりする会議や交渉の場面が苦手だという人と、何気ないおしゃべりやパーティなどの場面が苦手だという人がいます。確かに、人間のコミュニケーションには挨拶などを含む何気ないやり取りと、結論や成果を得るためのやり取りがあり、それぞれのやり取りには、その目的・機能が異なっています。その目的と機能を理解して、練習してコツを覚えると、それぞれの場面で、よりアサーティブになることができます。日常生活では、この二つの場面が明確に区別されないこともありますが、ここでは、前者を「目的・課題を達成するためのアサーション」、後者を「人間関係を形成・維持するためのアサーション」としてそれぞれの特徴に即して、アサーティブな言語表現を学んでいくことにします。

2　課題達成・問題解決のためのアサーション
――台詞《せりふ》づくりのステップ

課題達成・問題解決のためのアサーションとは、会議の場、話し合いで結論を出したり課題を遂行したりする場面でのアサーションのことで、人間がもつ精神的・知的・身体的能力をよりよい生活や問題解決のために活用するときに必要なアサーションです。これを、私は課題（タスク）のためのアサーションと呼びます。この中には、うまく言えそうもないことを言おうとするとき、何と言ったらいいか迷うとき、話が複雑できちんと整理する必要があるとき、自分の気持ちや考えを明確にしてから話したいとき、なども入ります。

タスクを遂行するとき、要領を得た、明瞭な話し方ができるかできないかで、自分の安心と相手の理解が大きく異なります。そのコツを学んでおくと、アサーティブな表現ができやすくなります。

そのコツとは、アサーションならではのステップがあり、その四つのステップを学び、そのステップを踏んで表現を考え、表現することを身につけると、アサーションが向上するでしょう。この台詞づくりのステップを考案したのは、北米でアサーション・トレーニングを実施しているシャロンとゴードンのバウアー夫妻とブランドン・ケリーですが、その方法をここでは「DESC法」と呼ぶことにします。DESCとは、台詞づくりのステップの英語の頭文字を組み合わせたものですが、それを活用した方法という意味です。

a　台詞づくりのステップ

台詞づくりの四つのステップは、以下のとおりです。

D＝describe：描写する

自分が対応しようとする状況や相手の行動を描写する。客観的、具体的、特定の事柄、言動をイメージが描けるように描写するという意味で、相手の動機、意図、態度などへの推測や判断は含まない、自分も相手もわかりやすい言葉で伝える。

E＝express, explain, empathize：表現する、説明する、共感する

状況や相手の行動に対する自分の主観的気持ちを伝えたり、説明したり、相手の気持ち

に共感したりする。特定の事柄、言動に対する自分の感情や気持ちを建設的に、明確に、あまり感情的にならずに述べる。

S＝specify：特定の提案をする

相手に望む行動、解決策、妥協案などを提案する。具体的、現実的で、小さな行動の変容について、明確に提案する。

C＝choose：選択する

肯定的、否定的結果を考えたり、想像したりして、その両方の結果に対して自分にはどのような行動の選択肢があるかを示す。その選択肢は具体的で、実行可能なものであり、相手を脅かすものにならないよう注意する。

このDESC法を現実の場面で活用する例を考えてみます。

例えば、喫茶店で、喫煙席の近くの禁煙席で友人と話をしています。ただ、友人は煙草を吸いますが、自分は吸わないので、その席は自分にとって好ましくない状況です。それをDESC法で友人に伝えるとすると、以下のようになるでしょうか。

「ここは喫煙席に近いので、煙が流れてきますね（D）。私は煙草の煙が苦手で、のども痛くなってきました（E）。あなたは煙草が吸いたくなっているかもしれませんね（E）。

そろそろここを出ませんか（S）。そうすればあなたは煙草の誘惑から逃れられますし、私はたすかります（肯定的結果に対するC）。もし、あなたが一服したいのでしたら、あちらの席に行って一服してから、喫煙席から離れたところに移りませんか（提案が受け入れられなかった場合のC）。」

この台詞は、一気にすべてを言う必要はないかもしれません。気心の知れた親しい間柄で、日常的にもさまざまな共通体験がある者同士であれば、いきなりSとCを言ってもわかり合えるでしょう。状況が共有できていれば、EからSへの台詞で十分でしょう。逆に互いに知らない者同士、あるいは二人にとって新しい状況に出会った場は、Dが非常に重要な役割を果たすでしょう。そして、順序もこのとおりに話した方がよいかもしれません。

ある出来事や、ものごとについてきちんと話をしようとするとき、とっさに何と言ったらいいかわからなくて言い方を考えたいとき、相手にわかりやすい言い方をしようとするときなどには、この順序で台詞を考えてから表現すると、自分の状況と相手の気持ちを整理することができ、落ち着いて伝えることができるでしょう。

b　台詞づくりの留意点

この台詞づくりには、留意することがいくつかあります。

第一は、DとEをしっかり区別することです。Dは、誰もが理解し、認めることができる客観的な事実を、主観を交えずに描写的に述べることです。先の例で、Dの描写のつもりで「こんなところに座ったから……」とか、大きな声で部屋を駆け回っている子どもに「あの子が騒ぐから……」とか、自分の方を見ている人に「あなたがにらむから……」と言ったりすることは、Dではありません。「こんなところ」「騒ぐ」「にらむ」は、自分の主観が混じった表現で、DとEがきちんと区別されていません。「こんなところ」は「喫煙席に近いところ」に、子どもに対しては「あなたが大きな声を出すと、私には騒がしく感じられるので……」と、また「あなたが瞬きもしないで私を見ているので、私はにらまれているように感じて……」と分けて表現すると、わかりやすくなります。つまり、Dは互いの理解の共通基盤をつくるための事実の確認であり、逆にEでは自分の気持ちをそのまま、率直に述べるのです。その気持ちは、自分の気持ちであり、自分が感じていることを相手に理解してもらうことを願って伝えるのですから、正直であればあるほどわかりやすいでしょう。

次は、Cについての留意点です。私たちが自分の意見や提案をなかなか言えない理由の一つは、相手がそれをどう受けとめるかわからないということがあります。それは誰もが気になり、留意するところです。そんなときは、相手の反応を大まかに「イエス」と

「ノー」の結果に分けて予測し、両方への対応、自分の心構えを予測して、台詞をつくるのです。これは、アサーションの自他尊重という視点からも、重要な心構えです。自分が言ったことに対して相手が同意してくれることだけを期待していると、同意されなかったとき、必要以上にがっかりしたり、腹を立てたりしがちになります。また、同意してもらいたいという気持ちが強いと、強引になったり（攻撃的）、反論したりしたくなります。あなたの発言や提案に対して、相手は賛成することも反対することもあり得ます。その両方の場合について、前もって自分なりの思いを確かめ、対応を準備することで、自分の気持ちにゆとりができ、言動の幅が広がるでしょう。

くり返しますが、「相手は自分の思い通りには動かない」のです。でも、あなたの気持ちや考えを理解して、相手が自ら思いや言動を変えてくれることはあるでしょう。さらに、煙草の例でもわかるように、SとCには「両者で提案について考える」という共通の部分があります。つまり、自分のSに対して相手からの同意がなかったら、Cで再び提案をすることができて、それは自分のSの変形でもあり、逆に相手からの言わば同意がないというSに対して、相手のCをうながしているとも言えます。Cを考える習慣をつけると、Sの提案にも多様な考え方、やり方を準備し、その中から実現可能なものを選んでいけるようになります。

ＤＥＳＣ法についてケリーは、アサーションは言わば、ＤＥＳＣの習慣化されたものであり、ＤＥＳＣを何度も何度も練習しているうちに、無意識にアサーションができるようになるだろうと言っています。

表現につまずいたり、躊躇したりしたとき、少し時間をかけてＤＥＳＣをつくってみましょう。「ちょっと待ってください」と言ってから、ＤＥＳＣを考えてもそんなに時間はかかりませんし、失礼にもならないものです。また、複雑なことを決めたり、話し合ったりするときは、前もって、ＤＥＳＣを考えておくと非常に役に立ちます。ＤＥＳＣによるアサーションのステップは課題を達成したり、問題を解決したりする場面で有効であり、仕事や会議、交渉ごとの場では課題解決のアサーションとして役に立つでしょう。

3　人間関係を形成し、維持するためのアサーション

私たちは、健康な生活や安定した人間関係を維持するために、たくさんのさりげない声かけやつなぎの言葉を使っています。それらは、無意識で交わしている挨拶のようなほん

の一瞬のやり取りから、慎重に言葉を選んで心を込めて伝えるお祝いやお悔やみの言葉まで、かなり幅広い範囲にわたっています。このようなやり取りは、仕事や問題解決などのやり取りのように、タスク遂行による成果が見えるわけではありませんが、実は私たちが健康で安定した生活やよりよい人間関係を維持するためには不可欠な表現です。

私はこのような場面でのアサーションを「メンテナンス（maintenance＝関係維持）」のためのアサーションと呼び、人間が生きていくための基礎的で、不可欠なやり取りだと考えています。

メンテナンスのためのアサーションとは、どんなことでしょうか。

それは主として人間関係をつくり、維持し、関係の質を高めるためのアサーションとも言えます。そこには、互いの安全や健康を伝えたり、配慮したり、ケアしたりして、個人がより心地よい状態を維持し、同時に安定した関係を促進するような表現があります。ちなみに、その代表的な表現は、挨拶や配慮、感謝の言葉かけです。私たちが日頃、何気なく交わす挨拶は、互いの気分や親しみ、近づきたい気持ちなどを表現していて、関係をつくり、維持する働きがあります。とりわけ、日本語の挨拶には、言葉の中に相手に対する礼儀や思いやり、感謝の気持ちなどが込められているものが多くあります。「おはようございます」「おやすみなさい」は“good morning”や“good night”とは字句の意味が異な

ります し、「いただきます」「ご馳走さま」「行ってらっしゃい」「お帰りなさい」という挨拶は英語にはありません。「ごきげんよう」は、出会いにも別れにも使って、健康を喜び、祈る気持ちが込められています。また、言葉を十分に使えない子どもが転んで泣いたり、「痛いよー」と言ったとき、子どもは何らかのたすけを求めていますし、そばにいる大人は「大丈夫?」とか、「痛かったね」と言って配慮を伝え、同時に安定した関係をつくります。

日本語にしても他の国の言語にしても、挨拶は互いの関係を維持し、安定したものにするための大切なやり取りですし、人は互いに慈愛、支持、労《いた》わり、慰め、励ましなどの言葉かけをして安寧《あんねい》を願い、確かめ合います。さらに、人々が関係を維持し、促進する上で欠くことができない言葉かけには、感謝と称賛があります。「ありがとう」が言えない人、人をほめることが苦手な人は、人間関係の大切な鍵を失っているかもしれません。

それではここで、メンテナンスのためのアサーションを象徴的に示す場面を取りあげて、そのポイントを理解しておきましょう。私たちの日常会話では、ものごとの節目やその前後をつなぐための簡単な言葉かけがたくさんあります。関係をつくることが主たる目的になるやり取りは、立食パーティや宴会、学生のコンパ、食卓やコーヒータイムなどで交わされる社交的な会話や雑談に見ることができます。そこでは、人間関係をつくり、よりよくし、維持するための会話の場であると同時に、関係を続けるための人づき合いのためのアサーションが求められるときです。

また、このような場では、会話を進めるための司会者もいないし、話題も決まっていないのが普通です。したがって、会話の進行は参加者一人ひとりに任されています。このような場に慣れていないと、戸惑い、困惑し、苦手意識が生じるのは、主として三つの場面の過ごし方、アサーションにあるといわれています。それは、誰とどのように会話を始めたらよいか、その場がシラケないようにするにはどのように会話を続けたらよいか、そして、その会話をどのように終りにしたり、その場を離れたらよいか、ということになるでしょう。社交的な場面の会話が得意な人は、これらの状況に対してほとんど無意識にアサーションができています。その中には、次のような人間関係を維持するための工夫が含まれています。このような場面が不得意な人のために、次に三つの場面について、そのポイント、言わば日常会話のコツを整理してみましょう。

a　会話を始め、会話に加わるには

人と会話を始めたり、会話に加わったりするとき、私たちはさまざまな表現をしています。

・挨拶をする
・自己紹介をする
・相手の名前を呼ぶ
・質問をする
・自分の意見を言う
・話をする

などです。この中で難しいのは、どんな質問をするか、どのように意見を言い、話をするかでしょうか。まず、その場の話題や状況を少し観察して、自分の関心のあること、尋ねたいことを質問すると、会話が始まります。また、自分から投げかける質問であれば、話題が途切れたとき、相手が得意なこと、興味をもっていることについて問いかけるのもいいでしょう。質問には、必ず答えが返ってくるという特徴がありますので、会話が続きやすく、知らない者同士の初めての会話では安全な言葉かけです。また、自分の意見を言う場合、もちろん話題について意見を言うことも大切ですが、いきなり意見を言うのではなく、むしろ自分の気持ちやその場に対する関心を素直に表現してから入ることがコツです。例えば、「入りたいのだけどどうしよう……」とか「あの話、関心があるんだけど……」などと思うだけでグズグズしているよりは、「入りたいのですが、入れてくれますか」とか「その話、聞かせてもらってもいいですか」など、そのときの最初の気持ちを言ってみると、相手にはわかりやすいでしょう。また、その場にある飲み物や食べ物、人のもっている物、身につけている物などをつなぎに活用することも有効です。「ビールもう一杯いかがですか」とか、「あなたのネクタイ素敵ですね」といったことで、自分と相手との間につなぎをつくる物を入れてみることです。

また、大切なことは、このような場面では、モジモジしたり、引っ込み思案になったりせず、身を乗り出して、声を少し大きめにして話し出すことです。そして、一度話しかけても聞いてもらえないときでも、がっかりしないでもう一度挑戦する気持ちをもちましょう。特に、話が弾んでいたり、人が多かったりすると、聞こえないだけで返事が返ってこないこともあるので、一度でくじけないことも大切です。

b　会話を続けるには

社交的な会話を続けるコツは、話がリフレッシュされるように心がけることです。

・話の内容に変化を加える

・話題（テーマ）を変える

話は同じ方向に進むだけでなく、反対の方向にも、また多方向に進めることが大切です。

例えば、ある映画のある場面がおもしろかったという話が出ているとき、それに対して別の見方を伝えてもよいし、その場面の俳優の話が出てもよいということです。律儀な人、アサーティブでない人は、話の方向と違ったことは言ってはならないと思って、同じ話題、方向で話をしようとしますが、実は、それでは話が尽きてしまうのです。結論を出す話や問題解決が必要な場面では、あれこれ話が変わったり、話題が飛んだりしては迷惑なことがありますが、人間関係を活発にする場では、いろいろな見方、考え方、感じ方が出るようにすることが話が活発になり、互いを知ることにも貢献します。

また、話をリフレッシュするには、一つの話題やテーマにいつまでもこだわらないことです。ある映画の話を延々と続けるには、よほどの映画通が集まるか、話題の多い映画でない限り不可能です。その話が一段落したら、必ずちょっとしたポーズ（間）があります。そんなときは、新たな話題をもち出すチャンスです。映画に関心があまりなかった人が入れる話題、新たな関心を探り出すための話題を取り入れることで、場が活性化するでしょう。映画の話で結論を出す必要はないのですから、話が途中で切れたとしても、それにこだわる必要はありませんし、戻りたければ戻しても構わないのです。ただ、話題を変えるときは「ところで話は変わりますが……」とか「それはそうと……」とか「前から話したいと思っていたのですが……」とか「先日新聞で読んだのですが……」など、「話が変わりますよ」という合図を入れると、相手が話題に入りやすくなります。

この例でもわかるように、話題を変えることや話のイニシアティブを取るには勇気が必要かもしれませんが、それだけでなく、自分が話題をもっていることも大切です。常日頃から、何かに関心をもち、ニュースなどの話題についてある程度の知識を得ておくと、このような場面で話を続けることに役立ちます。

c　会話を終えるには

日本人は話を終えるのが下手だといわれています。友人宅を訪問して、いつまでも場を去れなかったり、パーティでいつまでも同じ人と話していたり、「さよなら」を言えず、次の行動に移るのに手間取る人がいます。そんなときは、以下のようなアサーションが必要です。

・「それではこれで」とか「先がありますので」などの合図をして、いったん会話を終える
・ぶっきらぼうにならないよう、別れの挨拶をする
・もし、相手と関係をつないでおきたい場合は、その気持ちも伝える
・グズグズせず、さっと立ち去る

ときには、相手と別れたくないとか、これで関係が切れてしまわないようにしたいといった気持ちがあって、場を立てないこともあるでしょう。そんなときは、それも伝えて別れればよいのです。例えば、「今日は楽しかった。また会いましょう」とか、「時間がなくて残念だけど、これまでにします」、「ちょっとあの人と話したいので、またお会いする機会を取りたいです……」など、関係をつなぐ言葉を添えて、別れの言葉を言うことです。さっと別れて余韻を残すと、かえってまた会いたい気持ちが残り、つながりが強くなることもあるでしょう。

以上の例で、日常会話の中では、人間関係をつくり、維持し、また促進するためのアサーションが大切であり、それなしには、人間関係はぎくしゃくし、安心や温かみがないものになります。メンテナンス（関係維持）のアサーションは、日常的な心遣いと日頃の練習によって支えられ、人間関係の要となっていきます。

ところで、メンテナンスとは、「維持された状態」を意味し、人間の生活が普通に保たれ、また、ものごとが整い、滞りなく動いている状態を指します。「コンピューターをメンテナンスに出す」とか、「この家はメンテナンスがいい」といった表現があるように、ものごとが通常でないときは、元の状態に「回復する」とか「修復する」という意味にも使われます。メンテナンスは、滞りのない普通の状態を維持するための、維持、回復、修復といった何らかの作業を示唆《しさ》しています。

具体的に言うと、人が安全で安定した生活を維持するためには、基本的に食事や睡眠、安全な環境を確保する働きが必要です。その働きとは、人が互いに支え合い、たすけ合う人間関係をもち、安全や安定が崩されたり、問題が生じたり、混乱が起こったりしないよう、元の状態に戻すために力を尽くすことです。メンテナンスのある家庭では、例えば、食事づくり、後片づけ、掃除、洗濯などの家事が滞っていない状態があり、健康な生活のための食住が整っており、そのための家族関係が確保され、葛藤や問題の解決にも家族の力が注がれています。ビルの掃除や点検をしている人々、家庭で家事・育児にもっぱら関わっている専業主婦などは、この平常を保ち、元の状態を維持するために多大のエネルギーと時間を使っています。ただ、残念なことに、平常とか元に戻すといったメンテナンスの作業は、普通の状態に戻す作業であるために、なかなか人々には意識されず、認められにくく、滞ったり、欠けたりしたとき初めて、その働きの重要性がわかります。しかし、それを日頃から気づいて、支えやつなぎの言葉かけをすることが少なかったり、滞ったりしたときだけ気づいて非難すること、課題のみを伝えて問題を解決だけの会話をすることが続くと、互いのメンテナンスは崩れ、気持ちや思いは分かち合えず、機械的で、冷たくそっけない関係になっていく可能性があります。

逆に、何気なく、滑らかにメンテナンスの言葉がけができている家庭や学校、職場では、親密さや温もりが伝わっているので、葛藤や問題は解決されやすく、課題達成もよりスムーズに進み、協力関係の中で、創造的な問題解決や成果が生まれています。

二〇二〇年に始ったコロナウイルスの世界的脅威の中で、人々が身を護ることに危機を覚えたとき、メンテナンスの働きが「エッセンシャル・ワーク」として重視されました。平常とかあたりまえに戻すという見えない働きは、タスクと同じぐらい、あるいは、ときにはそれ以上に大切で、大きな作業であることを覚えて、アサーティブな生き方をしたいものです。

逆に、睡眠、健康は食事、支え合う人間関係などの場面で、メンテナンスは一人ひとりが自分の責任で心がけることでもあります。だからこそ、「大丈夫?」「気をつけて」とか、「ありがとう」「嬉しかった」「また会いたい」といった気持を伝え合うことが、平常を維持し合う関わりをつくるのでしょう。人々の生活の基礎には、メンテナンスのアサーションがあることを覚えておきましょう。

第５章

言葉以外のアサーション

言葉によるアサーティブな表現のポイントがわかり、台詞づくりにも慣れて、そしてメンテナンスのアサーションという要素にも気をつけて言葉にすることができると、言語上のアサーティブな表現は、練習することで自然にできるようになります。ところが、アサーションには、もう一つ、大切な表現の領域があります。それは、言葉以外のアサーション、言わば、非言語によるアサーションです。言葉にはしないけれど、私たちは、非言語レベルでもたくさんのことを伝えており、それなしには細やかなニュアンスは伝わらず、それによってコミュニケーションははるかにわかりやすくなることがあります。つまり、書いたものより対面の方がわかりやすいのは、非言語的な表現によって補われ、理解が深まることも大きいということです。

簡単な例では、言っていることとやっていることが一致しないと、それを見た相手は理解に苦しんだり、混乱したり、信用できない気持ちになったりするように、アサーティブでない態度や行動は言語表現に影響するということです。

アサーションは、言葉による表現と言葉以外の表現が統合されて初めて、有効なコミュニケーションになるということであり、あえて言うならば、非言語的表現は、ときに言語による表現より、はるかに強力なコミュニケーションになります。

非言語上のアサーションとは、態度や動作、話し方の強弱やスピードなど、言語を超えた表現です。第5章では、コミュニケーションのもう一つの要素である非言語的な表現に注目し、アサーションへの活用を考えていきます。

1　非言語的アサーションの要素

言葉以外のアサーションの要素としては、視覚的なものと、聴覚的なものがあります。視覚的表現とは、視線、表情、姿勢、動作、人と人との距離、身体的接触の仕方、服装などです。聴覚的な表現とは、声の大きさ、話し方の流暢《りゅうちょう》さ、速度、調子、明確さ、余分な音の有無、反応のタイミングなどがあげられます。加えて、情緒や感情の表現には言葉による表現が必要ですが、同時に非言語的な要素も大きく関わっています。

a　視覚的なもの

視線は、アサーションでもいろんな意味をもちます。非主張的、受身的な人は、人と視線を合わせることを躊躇しますし、どちらかというと下を向いたり、目を逸《そ》らせたり、上目づかいで見たりします。だからといって、相手の目をジーッと見つめ続けることは必ずしもアサーティブとは言えず、かえって攻撃的にもなります。ときたま相手の目を見たり、話している口元に視線を移したりして、相手を目で確認しながら話すことは、相手に関心をもち、相手との関係をアサーティブで心地よいものにしようとする思いを表現しているといえましょう。

表情も多くを伝えます。私たちは、笑顔や微笑みを絶やさないことはよいことだと思っていて、ときには無理をして腹が立ったり、同意できないときでも笑顔になったりします。そのため、伝えたいことが伝わらなかったり、神経質な笑いや、引きつった笑顔になったりすることもあります。後で述べますが、このように一度に二つのことを伝えることは、相手にとって混乱を招くだけでなく、攻撃的な感じにさえなりかねません。ときには、鏡を見て、自分の怒り、悲しみ、喜び、怖れなどの表情をチェックしてみることも役に立つでしょう。

姿勢もアサーションに重要な役目を果たします。背中を丸め、頭を前に傾け、下を向いた姿勢を想像してみましょう。いかにも非主張的なイメージになります。立つときは、両足をしっかり地につけて、胸を張っていると、それだけでアサーティブな姿勢がうかがわれます。また、人にどれだけ近づくか、人との間に心地よい距離を置くとすればどれくらいか、などについても知っておくとよいでしょう。この距離は、時と場合により、また個人によって異なりますので、それに応じて対応することが大切です。例えば、人への近づき方がおずおずしていたり、人との距離を開けたりすることは非主張的な動作に映るかもしれません。

手や腕の動きにも注意してみましょう。手を胸や口元に当てていると、非主張的なイメージを与えることがあります。逆に、手や腕を自由に動かして話をすると、自信があり、自由に感じられます。手の表現は具体的な物を宙に描くために使われたり、感情を表現するために使われたりします。腹を立てたときの拳骨《げんこつ》や人に思いやりをかけるときの肩に掛ける手などは、気持ちを雄弁に語っています。

服装も自己表現の一つです。服装の種類やスタイルによって相手に与える印象は違います。就職の面接試験にスーツをきちんと着ることは何よりも大切だといわれます。また、おしゃれをするのではなく、アサーティブに着こなすことを考えると、その違いが出てきます。例えば、気持ちが沈んでいるとき、気分が晴れないとき、着るものについて気を配らなくなりませんか。もし、逆にシャキッとしたものを着ると、気分も変わったりしませんか。

b　聴覚的なもの

アサーションに非常に大きな関わりをもっているのが声でしょう。自分の声を録音して聞くなどして、次のような観点から自分の声を検討してみると、それがよくわかります。あるアナウンサーに聞いたことですが、声が自然に出ることはとても難しいことで、訓練しているうちに、だんだん低い声になっていくそうです。それがその人の自然な声だと言われたそうですが、思い返してみると、非主張的なとき、私たちは小さな声になりますが、興奮したり、怒ったりしているときは高い声で話す傾向があります。

声の大きさ、話す速度はもちろんのこと、話し方全体もアサーションに大きな影響を与えます。難しい言葉を使ったり、華麗な言い回しをしたりする必要はありませんが、簡潔で、率直、自発的な表現は伝わりやすいし、アサーティブに響きます。また、「あのー」、「そのー」、「えーと」などの余分な音が多く、前置きが長いとアサーティブに聞こえなくなります。「私が間違っているかもしれませんが……」とか、「気にしないでほしいのですが……」、「たいしたことではないのですが……」などの前置きは、「どうぞ無視して結構ですよ」と暗に言っているようなものです。ハキハキ言うことだけがアサーションではないことも覚えておきましょう。

Ｃ　文化的要素

言葉以外のアサーションを考える上で、もう一つ重要な要素は、文化の違いです。非言語的表現は、文化によって意味が違うといわれるだけでなく、文化によってふさわしいものとふさわしくない動作などもあります。

例えば挨拶です。最近ではすっかり馴染《なじ》みになっている初対面の人との握手も、日本人にとっては抵抗があるものでした。日本人の間では、初対面の人への挨拶は少なくとも一メートルほどの間隔を取っておじぎをするのが普通で、手を握るといった肌をふれ合うことは、よほど親しい間柄にならないとしないことでした。しかし、欧米の人々は、握手をするのが一般的な挨拶で、親しくなると頬をふれ合ったりします。つまり、ひと昔前は、日本人にとっての握手は、欧米人にとっての頬をふれ合うことと同じ意味をもっていたと言えるでしょう。さらに、同じ握手でも、アメリカ人はギュッと力強く握るのが親しみの表現と考えていますが、日本人はどちらかというと柔らかく握ります。文化の違いを認識していないと、ギュッと握られて「攻撃的」と感じる日本人もいるかもしれませんし、柔らかくふんわり握られて「この人は自分に関心がない」と誤解する欧米の人もいるでしょう。

ただ、その違いを互いに知っていれば、違いとして認め合い、誤解をすることもないでしょう。

このように、非言語的な表現法は、地域と文化によって、さらに男女、組織風土、家庭などによって異なります。それらの表現法は、人々が長い間かけて、それぞれにふさわしいやり方としてつくりあげていったもので、その人たちには馴染みのある習慣になっています。

ただ、私たちは、馴染みのあることには安心して対応しますが、馴染みのないものに対しては警戒心や不安をもちやすいものです。個人から民族に至るまで、互いの違いを認め合うアサーションの場は、広い意味での異文化交流の場だと言えます。つまり、個人に違いがあるのと同様に文化にも違いがあり、善《よ》し悪《あ》しはないのです。個人の違いも、つきつめれば文化の違いと考えられますから、ときとしてその「違い」に戸惑うことはあり得ます。私たちが互いに心がけたいことは、戸惑いを感じてもよいし、不安をもつのも仕方のないことですので、それを敵意や攻撃的態度と誤解しないことです。そして、そんなときは、率直に、アサーティブな態度で、相互理解のやり取りを始めることです。

文化間交流とか国際化とは、一人ひとりが個人の違いを受け入れ、自分も他人も大切にしようとするアサーションの精神の延長線上にあると考えましょう。

2　感情の表現に不可欠な非言語表現

感情（気持ち）の表現は、言葉をもっている人間にとって、言葉を活用して表現することが重要です。微妙な感情の違いを知っている人間にとってその違いを言い表す言葉をもっていることは何よりも大きな助けですが、同時に、感情表現には言葉以外の表現も欠くことはできません。「嬉しい」という言葉は、どのような感情かという意味を伝えてくれますが、どのように嬉しいかについては、他の言葉や言葉以外の表現が必要です。声の調子、表情、身振りなどが大きな助けになることは誰もが知っています。感情の表現には、非言語表現が欠かせないといっても過言ではないので、ここでは、感情表現の非言語的側面について、いくつかのポイントから考えていきます。

a　感情に善悪はない

まず、感情表現の前提には、人間は感情をもっている動物であり、しかも非常に多様で複雑な感情をもつことができるということがあります。人間の脳の内側にある感情の中枢は、進化の過程で古くから発達したところであり、外から入ってくる刺激を直接感じ取って、快、不快、喜び、怒りなどの感情を発しています。福田（2006）によると、感情は進化し、階層を成しており、快・不快は「原始情動」、喜び・怒りは「基本情動」としてヒトを含む動物全体が有している情動（emotion）と呼び、その他にヒトだけがもつものを狭義の感情として分けて説明しています。その視点から考えると、類人猿（ゴリラ、チンパンジー、オランウータン、テナガザル）の脳はほぼ同じ情動を感じており、また、基本情動の反応は、ヒトにおいては反応自体に男女・人種などの差はないということです。例えば、人間の生死に関わる主たる情動としては、脅威に対しては恐れ、侵害に対しては怒り、喪失に対しては悲しみの反応をするということです。

人がさまざまな感情をもち、それを表現することは自然であり、とりわけ上記の情動は、感じて表現することで、人が生き延びることをたすけています。

ところが私たちは、感情をそのようなものとは考えていないようです。表現してよい感情、してはならない感情を区別したり、さらに、感情を表現してもよい場面や立場があるように思い込んでいたりします。例えば、いつもにこやかで、朗《ほが》らかなのがよいとか、いやな気持ちや怒りは出してはならないといったことです。確かに、にこやかな表情や朗らかな言動は人に安心感や心地よさを、いやな顔つきや怒りの表現は不安や緊張をもたらします。だからといって、人は常に心地よい感情だけをもつとは限らず、怒りや悲しみなどその場の率直な気持ちが伝わらない方がよいということもありません。むしろ、人は誰でも自分の経験から、いろいろな感情をもっていることを知っており、それを表現しなかったり、されなかったりすることは不自然で、相互理解や交流のたすけにはならないこともわかっています。ましてや、男は悲しみを表現するものではないとか、女は怒りを出してはならないといった考え方は、文化の影響がありますが、個性と人間性を認めた関わりをもたらさないでしょう。

喜怒哀楽などの基本情動は、とりわけ生死に関わる重要な感情であり、誰もが感じ、表現してよく、表現する必要がある感情です。大切なことは、さまざまな自分の感情にどのように気づき、表現するか、さらに、相手の感情をどのように受けとめるかということであり、必要以上に脅威や不快感を与えないで伝え、相手の感情をありのままに理解するかということでしょう。

b　感情は自分のもの

感情を表現しようとするとき、心得ておく第二のポイントは、「感情はまぎれもなく自分のもの」であり、自分のものとして自分の責任で表現できるということです。次の例で、それがわかるでしょう。

例えば、すぐそばで誰かが大きな音でギターを弾いていたとしましょう。それを聞いて、「うるさい！」と不愉快になる人もいれば、「すごい！」と聴き入る人もいるでしょう。あることに対する感情は、自分が起こしているのであって、ギターを弾いている人が起こしているのではありません。確かに、ギターの音は自分のある感情を引き起こすきっかけにはなったのですが、それに対してどのような感情をもつかは自分です。

前章のDESC（台詞づくり）のところで、D（客観的事柄）とE（主観的気持ち）を区別する必要性を述べましたが、「○○さんのせいで……不愉快になった」という表現は正確でなく、適切でもありません。なぜなら、「誰かのせい」で「何らかの感情が」起きることはなく、自分がその感情を起こしているからです。「○○さんの△△のことで……私は不愉快に感じた」と、「私が感じている」ことを自分が起こしている感情として受け止めて、伝えることです。自分のものとして伝えるならば、自分で適切に出し入れすることもできる可能性が高まります。

感情は他者が起こすのではなく、自分が起こし、自分の責任で表現してよいということです。

C　アナログ信号が必要な感情表現

これまで述べてきたことでわかるように、言葉による言語的表現と身振り、表情、声の調子などの非言語的表現は、どちらかだけでは十分なコミュニケーションはできないことが多いものです。

言葉は、基本的にデジタル信号です。デジタルとは、分刻みで数字が出てくる時計のように、0分から1分の間は止まっているかに見える表現のことです。つまり、言葉は、ものごとを割り切って表現する手段であり、心のプロセスや複雑な動きの一部を、一般化された意味をもつ信号に代えて、取り出して表現する方法です。

一方、感情や気持ちはアナログです。それは、連続した流れであり、時間の経過で変化もしていますので、割り切ることができません。例えば、「困っている」とか「戸惑っている」気持ちは揺れており、悲しみや怒りは強くなったり、弱くなったりします。また、「憎くもあるけれど、かわいそうでもある」といったアンビバレント（両価的）な感情もあり、割り切ることができません。感情に善し悪しや○×はなく、また白黒もつけ難いので、言葉のようなデジタル信号だけで表現しにくい体験は、感情の表現、非言語的表現が重要な働きをします。人間が、俳句や詩を生み出し、音楽や絵画による表現をしていることは、アナログ信号も動員して表現を豊かにする知恵でしょう。

実際、人は自身が変化しながら、変化している外界とつき合って生活しています。人の日常は微妙な心情の変化や複雑さに満ちており、その世界こそ、互いに理解し、分かち合いたいところです。特に、言葉を十分に獲得できていない子どもたちは、変化し、時には割り切れない思いを理解してもらいたくて、言葉だけでなく身体全体を使って表現します。また、個別性や複雑さを伝えるとき、表情や身振り、声の調子や「泣く」などの非言語表現は非常に重要です。さらに、人が困惑や迷いを伝え、理解してもらうには、相手の共感や支えが必要であり、言葉だけでなく感情を受け止めようとする態度や関わりが生まれます。こんなときは、とりわけ、知的に割り切ろうとするのではなく、相手の矛盾する二つの感情に気づいたり、気持ちの流れや変化にもついていったりすることが必要です。私たちは「頭ではわかっているけど、やれない」とか、「やらなければならないのに、やる気にならない」といった状況に陥ることがありますが、それは知的に割り切ろうとしても感情では無理なことを知らせています。

人がデジタル信号とアナログ信号をうまく活用して自分を伝えると、より的確に自分の状態が表現できます。理解されると、関係が変わります。新しくできた関係は、アナログ的変化のある、その前とは質が変わった関係になっているのではないでしょうか。知的、論理的表現だけのやり取りは不自然であり、実は、一見、混乱や葛藤に見える複雑なやり取りの方が現実的で、相互理解を深め、関係を充実させ、言葉と気持ちが織り成す世界の知恵を生みだしているかもしれません。

＊

一方、人が言葉を覚え、知的活動をし始めると、言葉というデジタル信号が優勢に働いて、アナログ信号が活用されなくなっていきます。そうすると、「感情が豊かである」ことと「感情的になる（感情をぶつける）」ことが混同され、「感情を表現するのはよくない」となっていくことにもなります。その結果、感情を感じ取ることも、表現することも、さらに受け取ることもなくなり、時には人間の生存の基本に関わるコミュニケーションまでも乏《とぼ》しくなります。例えば「怒り」は生存を脅かされたときに感じる感情ですが、それをよくないこととして押さえつけて表現しないと、自分を護《まも》ることができなくなります。「怒り」については、次の節で述べることにします。

d　言行を一致させる

感情を表現するときは、言っていることと行動（やっていること）を一致させることが大切です。ニコニコ笑顔で「腹が立った」と言われても、その矛盾したメッセージを受け取った相手は、嬉しいのか腹が立っているのかわからないでしょうし、反応することも困難です。このようなとき、アサーティブに「どちらを伝えたいのですか？」と問い返すことはできますが、多くの人はどちらかを察して応えようとします。まして、弱い立場にいる人（例えば子どもや部下など）がこのメッセージをもらうと、判断に窮《きゅう》して、反応ができないでしょうし、脅威や不安を感じたり、懲《こ》らしめられている気持ちになったりする可能性もあります。

アサーティブな表現は言行が一致していますが、非主張的な表現と攻撃的な表現には言行が一致しないものがあることに気をつける必要があります。

例えば、押し売りのような販売促進をする人がきたとしましょう。多くの場合、この仕事をしている人は相手が関心をもち、買いたくなるような勧誘の仕方が巧みです。その勧誘を断りたいと思っているとき、非主張的な表現をしがちな人は、困惑した顔をしながら、黙って聞いていたり、率直に断ることをためらったりしがちです。すると相手は、ますます積極的に説得するため、断りづらくなって買ってしまうことになり、不愉快な気持ちが残ります。逆に、攻撃的な人は、勧誘をしている人は仕事をしているだけで何も悪いことをしているわけではないのに、迷惑そうな顔をして「いらない、いらない。」とけんもほろろに伝えたり、大声で怒鳴ったりして、相手をいやな気持ちにさせて追い返します。言行不一致とは、自分や相手を大切にしていないと、言葉や態度に矛盾した形で表現されるため、双方にとって後味の悪いものになりがちです。

アサーティブに断ることができる人は、自分に興味がなく、買うつもりがないのですから、相手の説得的な口調に左右されることなく、互いの立場を大切にしながら、自分の思いをきちんと伝えるでしょう。「今、間に合っています。ご苦労さん」といったことでしょうか。もし、相手がさらに説得しようとしても、それはその人の役割です。自分の気持ちが変わらなければ、さらに淡々と、ていねいにそのことを伝えれば、互いにいやな気持ちになることなく、やり取りができるのではないでしょうか。

私たちは、言葉を意味として受け取るだけではなく、言葉にともなう相手の態度や雰囲気、ニュアンスからも本音やメッセージを推察しようとします。ただ、その推察は、こちらの心理的状態によって必ずしも当たらないことがあります。非言語表現の理解の難しさは、そこにも潜んでいます。右の例にもあるように、自分が「説得されると苦手」とか「迫らないでほしい」という心理状態になっていると、相手の説明や熱意を被害的に受け止めて防衛的になるため、買うつもりがない自分の気持ちを大切にすることを忘れます。きちんと「断ること」で相手との関わりは前進するのですが、自分でそれを止めています。

攻撃的な断り方をする人は、逆に、自分が必要ないものを淡々と「断る」ことで済むのですが、「迷惑だ」とか「うるさい」といったそのときの自分の感情で相手を攻撃し、相手の立場はすべて無視していることになります。

相手の非言語的な表現には、こちらの期待や予側をかぶせて理解したり誤解したりしやすいことを心に留めておきましょう。非言語的表現の理解には、受け取る側の期待や憶測、誤解などが入り込む可能性もあり、自分の感情が優先された対応になりやすく、相手の問題だけでもないことも覚えておきましょう。

言行の不一致が起こりやすいのは、人間がさまざまな感情を感じ取り、それらをさまざまな言葉で表現することができるという特徴から来ています。つまり、人間の脳は、感情に関わる部位と言葉や論理をつかさどる部位の二つが巧妙に連携してさまざまな表現につないでいるのですが、その連携に不一致が起こることがあると、うまく表現できなかったり、相手に理解されない言動になったりするのです。「a感情に善悪はない」のところでも述べたように、感情に関わる部位は、外から入ってくる刺激を直接感じ取って、快、不快、怖れ、怒りなどを発していますが、脳の知的機能を果たす部位（前頭葉）は、意思、思考、創造などの精神活動をつかさどり、外からの刺激に直接反応するのではなく、主として言語や記号を通してルールに沿って記憶し、言語化し、まとめる働きをします。その結果、感情に関わる部位の信号は知的に区別され、名前をつけられ、表現方法が工夫されて伝えられます。

人間の表現には、泣いたり、笑ったりして生の感情をそのまま表現しているときと、知的に獲得した言葉や方法を使って「痛い！」とか「たすけて！」と表現しているときとがあることになります。生まれたばかりの赤ん坊は不快感を「泣く」という本能的に取得した反応で表現しますが、大人は怒った表情や逃げる行動などの非言語的表現を補いながら、「気持ちが悪い」とか「いやだ」と言うことができるのです。他方で、人は言葉が使えるようになると、言葉だけで自分の状態を伝えて、そのままの感情を伝えないようにもなります。例えば、感情が渦巻いているときに黙ったり、感情を伝えることは子どもっぽいとか、感情豊かに表現している様子を「感情的だ」と批判したりします。また、悲しいのに怒ったり、怒っているのに泣いたりするといったことや、悲しくないのに泣いたり、笑顔で「腹が立った」というようなこともします。このような言行の不一致は、「感情的になるのはよくない」とか、「怒ってはいけない」「泣いてはいけない」といった感情に関わる善悪などの知的な判断が働いて、感情表現に制止や操作が加わっている可能性があります。

言っていること（言語表現）とそれにともなう態度や行動（非言語表現）の不一致を、専門用語では「二重拘束的メッセージ」といいます。相手を矛盾した二つのメッセージによって拘束状態にし、身動きできないようにしてしまうという意味です。皮肉、刺《とげ》のある優しい言葉、ふくれ面をしながら「いいですよ」と言うなどは、二重拘束のメッセージの例です。

非主張的な人の表現は、往々にして二重拘束的になりがちです。また、攻撃的な人の発するメッセージの中には、表現全体として矛盾している場合があります。例えば、「自由にしなさい」とか、「人には頼らないで、自分でやりなさい」といったメッセージです。言っていることの内容は「自由を許し」、「自立を促《うなが》し」ているようです。しかし、その言い方は命令文です。つまり、「自由」や「自立」を命令していることになるので、その人の下では、たとえ、自由にしたり、頼らなかったりしたとしても、その人の命令に従っていることになってしまうという矛盾が生じるのです。

感情表現は、言語的表現と非言語的表現とが補い合ってより伝達されやすくなります。双方が矛盾するとメッセージは伝わりにくくなり、効果は半減します。逆に、二つが一致して表現されるとメッセージが豊かになり、強化されます。そのような表現を探るために、次に、具体的な感情表現について、表現することが難しい「怒り」を取り上げて考えてみましょう。

3　怒りとアサーション

人は周囲の刺激に対してさまざまな感じをもちます。先にも述べたように、外界の刺激に対する人の感情反応は自然なものであり、それらに善し悪しはありません。また、人はある信号に対して快、不快、怖れ、怒りなどの基本的な感情をもち、それを感知することができるからこそ、自分を守り、生存することができるということでもあります。ただ、人はできることならマイナスの感情体験を避けたいために、マイナス感情は「悪い感情」として感じないようにしよう、排除しようとしがちになります。特に、喜びや楽しさなどのプラスの感情は言葉にもしやすく、理解されやすいのですが、悲しみや怒りなどのマイナス感情は、人が受け取ってくれない可能性があるため表現を躊躇し、表現にかなりの勇気と工夫が必要になります。

私たちのもつ代表的な感情、喜怒哀楽の中で、取り扱いが最も難しいのは怒りの感情でしょうか。そこで、ここでは、特に怒りを取りあげて、感情の受け止め方や表現の仕方、感情と行動の結びつきなどについて、考えていきます。

a　怒りの感情とは

怒りの感情は、生まれてほんの数ヵ月の赤ん坊のときからある、ごく自然な感情ですが、私たちは大人になるにしたがって、その取り扱いが不自然になります。まず、多くの人は、怒りを感じないようにしたり、抑えたり、感じたとしても否定しようとしたりします。また、怒りの感情をほかの感情に置き換えて、怒っているのに泣いてみたり、怒っていることを攻撃的に出したりします。いずれにしても、怒りの感情はない方がよいとか、怒りは表現すべきではないと思われやすい感情です。

しかし、怒りは、他の感情と同じように人間がまわりの何ものかについて、自ら起こす感情であり、避けようとしたり、抑えようとしたりすればなくなるというものではありません。むしろ、怒りもあたりまえの感情であること、怒りの表現は大切なことを知って、適切に表現することが大切です。

私たちは一般に、怒りの感情は、「腹を立てる」とか、「相手を責める」とか、「怒鳴る」といった形で表現されると思いがちです。人によっては「怒り」というと「激怒」を思い出す人もいるかもしれません。これは怒りの正確な理解ではありません。怒りには、今述べたような表現の仕方もありますが、それは怒りの強さが大きいときであって、もっと弱い程度の怒りもあるからです。細かく説明すると、怒りの程度は三つに分けられます。

マイルドな怒り：「不快だ」「同意できない」「いやだ」という気持ち
中程度の怒り：「腹立たしい」「イライラする」「反対だ」「煩わしい」と言いたい気持ち
最も強度の怒り：「頭にくる」「怒鳴る」「カッカする」「うるさい」「ぶん殴ってやりたい」などの激怒の気持ち

つまり、怒りの気持ちは、常に激しいわけではないのです。むしろ、人には好き嫌いがあり、同意できることと、同意できないことがあるので、それにともなった感情は「嫌い」とか「違う」と感じます。嫌いなことが重なると「やめてほしい」という気持ちになり、やめてくれないといら立ちを感じるでしょう。それでも、いやなことが続くと「やめろ！」と怒鳴りたくなるのです。

したがって、できれば怒りの程度がマイルドなときに表現すれば、それほど抑えようとする必要もないわけです。せめて中程度のときに「やめてほしい」ことをはっきり伝えれば、いやなことが何度も起きたり、怒りがたまったりするのを避けることができます。多くの場合、第１章でも述べたように、〝ＮＯ〟が言えずに、不満をためた結果、爆発的に怒りが出てしまい、攻撃的な激怒の表現になったり、問答無用の絶交宣言になったりするのです。

b　どんなとき、怒りを感じるか

怒りは、外界の出来事や周囲の人の言動がきっかけになって起こります。そのため、多くの人は周囲のせいで怒らされたと思いがちですが、実は、そうではありません。不快なことに出会うと、自分が怒りの感情を起こしているのです。自分が不快な気持ちを起こしているはずはないと考えたくなったり、怒りのきっかけをつくったものや人に責任を転嫁したくなったりして、「あなたの話を聞いているとイライラさせられる」とか「私を怒らせないで！」、「あなたのせいで、いやな気分になった！」などと言いたくなるのでしょう。

しかし、怒りは何かがきっかけとなって、それに対して人間の起こす自然な感情で、誰もがもち得る感情です。不快な感情は持ちたくないと思っても、もたないで済ませることはできないのです。

例えば、幼い子どもを連れて歩いているとき、子どもが不意に転んで泣き出したとしましょう。それは、率直な感情の表現であり、子どもがもっている方法でそのときの感情を表現したのです。泣くという子どもの表現に対して、周囲の人が「大丈夫？」とか「アー、痛かったね」など、子どもの気持ちを言葉にして対応してみると、子どもはほっとして泣き止んだり、甘えた泣き方に変わったりします。逆に、「泣くんじゃない」とか「はい、立って」とか言われると、子どもは、おそらくもっと泣くでしょう。その泣き声の中には、不安や痛みが理解されなかったことに対する失望や悲しみも含まれている可能性がありま す。その失望や悲しみの涙が理解されないと、さらに声を大きくして、憤慨や抗議（怒り）の泣き声に変わることもあるでしょう。言葉を知らず、また言葉だけでは十分伝えられないとき、子どもの感情表現は体験のプロセスに沿って変化していきます。

人間関係の中では、感情や気持ちが変わっていくのですが、言葉に頼りがちな大人は、気持ちに正直で変化している子どもの感情表現のプロセスを理解せず、適切に対応できないだけでなく、「うるさい！」とか「いつまで泣いているんだ！」などと反応することもあります。これは感情もプロセスも理解していない非常に貧しい反応です。しかも、自分の怒りを攻撃的な感情に託して相手の行為を「禁止」しようとしていることも加わっています。

泣き声や怒りを、感じてはならない悪い感情として禁止したり、排除したりしようとすると、子どもの率直な感情やそのプロセスは周囲の人の耳には届かなくなり、理解されなくなります。逆に、子どもは「×」「禁止」というデジタルメッセージを受け取って、泣くことをやめるでしょう。そこでは、子どもの感情のプロセスは「×」にされて中断し、気持ちや感情の表現は封じ込められるでしょう。刻々流れていく感情を非言語的なものも動員して、精一杯伝えている子どもの表現が「×」とされ、気持ちが置き去りにされたとき、子どもの変化している種々の感情は幾重にも積もって、あふれ、一つひとつの気持ちをしっかり把握することもできないまま、気持ちを閉じていくでしょう。先の出来事で、もし一回目の「泣くんじゃない」という反応を失敗したことに気づいた大人が、次に「ごめん、ごめん」と抱きかかえるならば、子どもは憤慨の声を上げることはないでしょう。

感情を理解する道筋は、相手の感情をしっかり受け止め、その理解を言語化して伝えてみることです。それがうまくできないと、悲しいのに怒ったり（男性に多い）、怒っているのに泣いたり（女性に多い）して、ますます相互理解が困難になっていきます。

＊

ただ、怒りの感情は当然の状況でない場合にも引き起こされることがあり、それが私たちの人間関係を混乱に陥れたり、余計なエネルギーを使わせる結果になったりします。それは次のような場合です。

私たちが外界の出来事や他者の言動を受け取るとき、自分の心身の安全が脅かされたと感じると、内面では次のようなメカニズムが働き、怒りの感情が引き起こされます。

人は、自分に脅威を与えるようなことが起こると、まずその危険度を予測します。次に、その危険度に対し自分が十分な対応能力があるかどうかを素早くチェックします。もし、その予測された危険に対して十分対応できる能力があると思えれば、脅威を感じることなく、冷静に対応することができます。つまり、怒りを感じることはないわけです。

しかし、予測された危険に対して自分の能力では対応できないと感じた場合、それは自分を脅かすものとなります。脅かされた場合、正直に「怖い」と言ってしまえば、相手はそれ以上の脅威を与えるのをやめてくれるかもしれません。ただ、脅威に対して相手が与えた脅威を上回る脅威を返して、相手が怖くなって逃げるようにしようとする人もいます。つまり、「強い怒り」を表現することで、相手を撃退しようとするのです。脅威には脅威を与える怒りで対応しようと、最後のあがきをするといってもいいでしょう。言いかえれば、脅威を感じているにも関わらず、自分の無力を認めず、相手に脅威を与え返すことで、その場をしのいで優位を保とうとするのが、攻撃的な怒りの攻防にもなり得るのです。

このようなメカニズムで表れる怒りは、抑えるだけで収まるものではありません。怒りは、身体的な反応としては、血圧を上げたり、筋肉の緊張をもたらします。心理的には、無力感をもたらしたり、攻撃的な気持ちにしたりします。また、怒りの気持ちは、相手に脅威を与えようと攻撃的に発散されることが多いので、それを抑え込もうとしたり、逆にそれを自分に向けて罪悪感を感じたりすることにもなります。罪悪感はときに自己嫌悪やうつ状態をもたらします。つまり、不快感に基づく怒りは、表現しないと、欲求不満をつのらせ、たまった挙句、攻撃に転じることにもなります。

怒りは他の方法で処理される場合もあります。怒りを感じたとき、その場で表現しないで、他のものや他の人に怒りを向けるやり方です。不当に「八つ当たり」された相手は、身に覚えのないところで怒りをぶつけられるのでたまったものではありませんが、本人は怒りを多少発散できるというわけです。これでは問題解決にならないどころか、他の問題を引き起こす元にもなります。怒りは怒りを生み、拡大した怒りは敵意や暴力をつくり出すことにもなりかねません。

怒りには二つの対応法があります。一つは自分の怒りへの対応であり、もう一つは他者の怒りへの対応です。

c　自分が怒りを感じたとき

さて、もし相手の言動に自分が脅威や怒りを感じたとき、どのように対応したらよいでしょうか。

脅威が自分の生命を失うほどのものでないときは、まず、その正体をはっきりさせることが大切です。

実際、脅威の内容を検討してみると、生命の危険が脅かされるような大きなことはほとんどなく、多くの場合、脅威の元は、経験、価値観、意見、行動様式の違いです。「違い」が脅威になっているとすれば、それは同じでありたい気持ちが強すぎたり、同じでなければならないという思い込みのせいもあるでしょう。また、こちらの期待や望みに相手が沿ってくれなかったり、相手の言動に怖れを抱いていたりするときの気持ちのずれが気になっていることもあるでしょう。そんなときは、まず自分の気持ちを素直にふり返ると、怒りが生じたプロセスがわかり、怒る必要がないことがわかります。

待ち合わせをして相手が遅れてきたとき、約束をきちんと守るあなたは、期待がはずれてがっかりしたり、不安になったりするかもしれません。そんなとき、「どうして遅れたのよ！」と怒るとすれば、それは正直な気持ちを表現していないことになります。がっかりした自分の気持ちを伝えず、がっかりさせたと相手のせいにして怒って、攻撃しているからです。期待が外れてがっかりした気持ちは、最初の感情で、第一次感情と呼ばれます。次に、自分が起こしたがっかりした感情を、それは相手がもたらしたと考えると、相手を責めたくなり、「けしからん」となるわけです。「がっかりするような感情にさせた相手はけしからん」となる怒りは、第二感情と呼ばれます。

最初に述べたように、感情は自分が起こしているので、相手が起こしているわけではないのですが、きっかけとなった人や出来事のせいでこのような感情になったと思い違いをしたり、自分が起こした最初の感情への二次的な感情を重視しすぎたりすると、感情表現は第一次感情とは異なった怒りになる可能性があります。遅刻をした相手に対して、もし「遅刻をしてはならない」という思い込みだけで判断すると、怒りになりますが、遅れている人のことを心配して、「何かあったのだろうか?」とか「大丈夫だろうか?」と思うと、怒りにはならないでしょう。それは、第一次感情のままでいることであり、自分が心配する人だということの表現でもあります。自分の率直な気持ちを伝えず、相手の状況も聞かずに責めるのは、自分の感情に責任を取っていることにはなりません。自分の気持ちを把握せず、感情は自分が起こしていることも自覚していないと、「私が困るようなことをするあなたはけしからん!」「怖がらせるようなことはするな!」「どうしてがっかりさせるようなことをするのだ!」といった怒りになり、相手に脅威を与え、自分を守ろうとしたり、自分の第二次感情を相手のせいにして相手を変えようとする依存的な表現になります。

期待していた時間に遅刻してきた人に第一次感情で表現するとすれば、「待ち合わせの時間から○○分待っていて、不安になった」と伝えることでしょうか。あるいは、怖いと感じたときは、怒るのではなく「怖い」と伝えることが大切です。多くの場合、怒りで相手を撃退しようとするよりも、自分は「困ったり」「怖れたり」「がっかり」していますと伝えた方が、相手に脅威を与えることなく、あなたの状態が伝わり、相手が対応しようとしてくれる可能性が高いでしょう。

逆に、もし自分が脅かされるほどの危険を感じているときは、自分の対応能力がない状況になっていることですから、自らそれに対応する必要があります。危険度が非常に高いときは、逃げることです。しかし、危険を感じると、すぐさま怒りの感情をむき出しにして、相手を退散させようとしがちになるのは、から威張《いば》りであり、もし相手も同じような対応をしてきたりすると、怒りの応酬へとエスカレートする可能性があります。それは怒りの危険度をより高め、激怒になって関係が壊れることにもなりかねません。できれば、怒りはゆるやかなときに伝え、怒りをうまく取り扱うことが大切です。

自分が怒りを感じていることに気づいたら、それをまず認めることです。そして、それはほかならぬ自分が起こしていること、したがって非難すべき人は誰もいないことを確認しましょう。怒りは他者の言動がきっかけで起こっていることがありますが、自分がそれを気に入らなかったり、不満に感じるときに起こる気持ちです。したがって、怒りを感じたら、自分が怒りの所有者であることを認め、だから自分でどうにかできると考えましょう。

怒りを処理する上で、まず大切なことは、怒りの程度をつかむことです。怒りは穏やかなものも激しいものもあるので、それを把握し、できれば穏やかな程度のときに表現しておくこと（つまり、小出しにすること）が大切です。もし、強い怒りになっている場合は、相手に脅威を与えないように、しかし、はっきり「何がいやか」、「どうして欲しいか」を伝えることです。

あるいは、いきなり相手に伝えるのではなく、時間を置いたり、一度、気持ちを理解してくれる人に話を聞いてもらい、少し冷静になって、伝えることです。怒りは、大声で怒鳴ったり、相手に脅威を与えたりするのではなく、「私は脅威を感じています」と静かに伝えることが大切です。

d　他者の怒りへの対応

それでは、自分に対して他者から怒りが向けられたとき、どうすればよいでしょうか。

まず大切なことは、自分の怒りの場合と同様、「怒りは相手のもの」であることを前提にしましょう。もし、相手の怒りが「自分のせい」だと受け取ったり、「起こることはないだろう」などと仕返ししたくなり、自分も怒ったりするとすれば、それは他人の怒りを自分に伝染させて、意味のない攻防、消耗的なやり取りを始めることになります。他者の怒りはまず伝染させないことが重要です。

　次に大切なことは、相手の怒りの気持ちを否定しないことです。「そんなに怒ることはない」とか「怒るのはよくない」といった対応は相手を大切にしたことにはなりません。むしろ、相手の怒りを否定しようとせず、相手のものとして受け止め、その理由を理解し、それに対応する意志があることを示すことが大切です。

　そして、もし自分の言動が相手に好まれてなかったり、脅威を与えていたりした場合は、変えることができれば、変えましょう。変えることができない場合でも、少なくとも相手に詫びるなど、自分ができることをする権利があります。

　また、相手の気持ちを受け止めると同時に、自分の気持ちを相手に伝えることも大切です。もし相手から怒りを向けられて緊張したり、防衛的になっていると、相手の気持ちを正確に受け止めることができないかもしれません。そんなときは、「怖い」とか、「動揺している」とか、「ちょっと待ってください」など、自分の防衛的な気持ちを表現することが必要です。つまり、脅威のぶつけ合いによる泥試合は避けて、互いの問題解決能力を発揮するきっかけをつくることです。通常の人間関係では、「弱さ」を見せた人に、さらに攻撃することはめったになく、多くの場合、立ち止まってどうにかしようと建設的になるものです。

もし、それでも解決できない場合は、第三者に仲介を頼むのも有効な方法です。いずれにしても、怒りの感情に慣れ、怒りをためて爆発させたり、攻撃的に出たりしないよう、日頃の心がけが大切でしょう。

第6章　アサーション・トレーニングの実際

この章では、アサーション・トレーニングの「トレーニング」の部分に特に焦点を当てていきます。自分自身のコミュニケーションの課題としてアサーションを身につけるベーシックなトレーニングにとどまらず、他者と協働（コラボレーション）する場面においてアサーションを活用していくことに力点を置いた新しいトレーニング、さらに固有の歴史や文化をもついろいろな現場においてアサーションに取り組む事例などをご紹介します。

＊この章は、複数の関係者で原稿を分担してコラボレーションしています。特に署名のないパートは、日本・精神技術研究所（以下、日精研）の筆によります。

1　自分自身がアサーティブになるためのトレーニング

あなた自身がアサーティブになるために、ここでは三つの方法をご紹介します。

一つは、この本に書いてあることを、さっそく日常生活の中で実践してみることです。これは一番「素朴な」トレーニングといってもいいかもしれません。すぐに始められる、自分のペースで進められるといった利点があります。

少し実践してみると、思うようにいかないところが出てきたり、本を読んで理解したと思ったことに疑問がわいてきたりするでしょう。そんなときは、もう一度ページを開いて本書を読み返してみるのもお勧めです。あるいは、家族や友人などにもこの本を勧めて、お互いに理解したことを話し合ってみるのもいいかもしれません。何といっても、本書は、読者が「アサーション」を知識として理解するだけでなく、実践してくださることを期待して書かれているのです。

ただ、そんなふうに独学でトレーニングを続けていると、どこかで壁にぶつかることがあるかもしれません。アサーションは難しすぎるとか、アサーションなんて実際には機能しないなどとあきらめてしまいそうになったときは、ぜひ「専門の」トレーニングも試してみてください。「素朴な」トレーニングに比べると、お金がかかったり、時間の拘束があったりとハードルは高くなりますが、きっとそれだけの効果があると思います。

本書の著者である平木先生と日精研がアサーション・トレーニングを始めた一九八二年当時は、「専門の」アサーション・トレーニングを受けられる場所はほとんどありませんでした。それから四十年近くが経ち、今ではさまざまな場所で「専門の」トレーニングが受けられるようになりました。それぞれのトレーニングには特色がありますが、ここでは、平木先生がプログラムを開発した日精研のアサーション・トレーニングの概要を紹介したいと思います。

日精研のアサーション・トレーニングは、「ベーシックコース」、「実践コース」、「アドバンスコース」という三つのコースで構成されています。「ベーシックコース」は二日間でアサーションの基礎的なトレーニングを行います。本書を底本としたプログラムですので、本書を読んでアサーションに興味をもった人には入りやすいでしょう。もちろん、本の内容をなぞるだけではありません。専門の訓練を積んだトレーナーの存在はもちろんですが、ワークなどを通じた他の参加者とのやり取りが効果的なトレーニングとなります。他者からのフィードバックを通じて、自分でも気づいていなかった自身のアサーション上の課題を発見できる点は、読書による独学との大きな違いといえるでしょう。実際に受講した人からは「自分の意見を相手に表現し、相手に聞いてもらうという対等なやり取りを通して、互いに理解し歩み寄っていくのは気持ちいい体験であった」といった声も寄せられています。

「ベーシックコース」を受講して、さらに学びを深めたい人に向けて「実践コース」と「アドバンスコース」があります。「実践コース」は参加者の個人的な課題に焦点を当てて、ロールプレイを行っていきます。アサーションを一般的な理解から、より具体的な自分の課題に引き寄せて「身につける」ことがねらいです。一方「アドバンスコース」は、ＤＥ

SC法などの表現方法やアサーティブな傾聴など、技術的な面をトレーニングする内容となっています。日精研のトレーニングは、いずれのコースもワークの割合が多く、「体験を通じて」学ぶことを重視しているのが特徴です。

ここまで「素朴な」トレーニング、「専門の」トレーニングを紹介してきましたが、最後に紹介するのは、アサーション・カウンセリングという方法です。これは、文字通り、アサーションをベースにしたカウンセリングで、トレーニング（訓練）というよりも、専門家による支援的な関わりとなります。アサーション・トレーニングの専門性だけでなく、カウンセリングについても豊富な経験や資格を有した専門家による一対一の面接を基本とします。多数の参加者がいるトレーニングでは共有しにくいパーソナルな課題も、安心して扱うこともできます。

❖――協働のためのアサーション・トレーニング（CAAT）

平木典子

一九八二年に、日本の文化に必要な対人コミュニケーションとよりよい人間関係づくりのために開発・実施してきたアサーション・トレーニングは、今や個人と個人のやり取りだけでなく、家族内、人々の集まり、組織、コミュニティなど共通の目的や課題をもつ集団内のコミュニケーションにも活用されるようになりました。そこでは、仲間づくりやリーダーシップなど、メンバーの役割・機能に応じたアサーションも必要になり、現在、アサーションは個人的な自己表現の支援法というだけではなく、人々が共に生きるためにも必要なスキルになっています。一人ひとりを大切にするアサーションの考え方は、例えば、多様な人間関係を含む仕事のあらゆる分野で専門職のケアや治療、教育・訓練の場、組織運営や開発などに取り入れられ、無意識のハラスメントがない人間関係のスキルにもなりつつあります。

そこで求められることは、一人ひとりが対人関係の場面でアサーティブな自己表現ができるだけでなく、互いが自分らしさを活かし、メンバーと共に働きかけ合って役割・機能を果たし、かつ創造的な仕事をしていくことでしょう。

協働とは、コラボレーション（collaboration）とも言われるように co-labor、つまり、二人以上の人々が共通の目的に向かって主体的な意欲と力を合わせて働き、成果を共有することです。それは、「共同（人々がものごとを一緒にすること）」でも、「協同（力を合わせること）」だけでもなく、人々が違いや特徴をもち寄って、その独自性を活かし合うことによる相乗効果をねらった主体的な働きかけ合いです。そこでは、まさにアサーションが必要であり、アサーションという相互作用のプロセスが不可欠になるでしょう。

この多元性と多様性を重視する協働は、支援者と支援を受ける者といった役割が異なった立場においても当然重視されます。例えば、カウンセリングとは、「カウンセリングの専門家であるカウンセラー」と「自分自身の専門家である来談者」の協働（働きかけ合い）による来談者の問題解決や自分らしい生き方の探索です。

＊

協働のためのアサーション・トレーニング（Collaborative Approach in Assertion Training（ＣＡＡＴ）とは、個人が自他尊重のコミュニケーションができるための基礎を身につけることに加え、小集団や組織で人々が共に活動し、働くことを目指したコラボレーションのためのトレーニングです。それは、アサーションを通して相互理解を深め、互いにその人らしさを発揮しながら、目標と課題を達成し、個々人が自分を活かした集団活動を進めるトレーニングです。それは、さらに、集団・組織の風土や文化が個人にとっても組織にとっても成長し続けていくことにつながります。

ＣＡＡＴの目的は以下のとおりです。

・「自他尊重の自己表現」の見直しと習得を通して、自分のもつ特徴・機能を知る
・自分らしさを知ることを通して、他者のその人らしさを理解する
・自分と他者の「違い」は「間違い」ではないことを前提とした相互作用・関係を創る

・個性を活かし合った集団・組織の成長・創造による社会への貢献を志向する

二一世紀は、多様性と多元性を認め、それらを互いに活用し合いながらさらなる創造性を活性化していく時代になりました。「協働のためのアサーション・トレーニング」は、その考え方と方法を探求する訓練です。

（注釈）例えば、レーナー（1994）が「親密性」を「自分が自分らしくいられ、相手のその人らしさも承認できるような関係」と定義したように、自己と他者をともにかけがえのない一人の個として尊重できることこそが、真の親密な関係であるといえる。すなわち、独立性が関係性を促すといえる。

2　さまざまな現場でのアサーション・トレーニング

アサーションが北米において、基本的人権の回復や拡張を目指す社会変革の文脈で広がっていったことは第3章で触れました。アサーション・トレーニングはそもそもの始まりから、個人のコミュニケーション・スキルの訓練という目的を超えて、社会変革的な動機を内包していたといえるでしょう。

日本においても、トレーニングの開始から40年近くを経て、アサーション・トレーニングは社会のいろいろな現場に浸透していきました。ここでは、歴史も文化も異なるさまざまな現場において、アサーション・トレーニングを実践しているトレーナーたちの声をご紹介します。

＊

産業領域の現場から

文川実

私は、一般企業に研修講師として招かれることが多いのですが、ここ数年、アサーション・トレーニングに関する要望をいただくことがますます増えています。そして、そのような要望の背景には、組織開発（Organization Development）的な取り組みへのニーズの高まりがあるように感じています。

組織開発とは何かを簡単に説明するとしたら、「組織のメンバーの関係性に焦点を当てることで、組織の風土や文化がよりよく変化し、組織が発達することを促進するための働きかけの総称」と言えばいいでしょうか。Development という言葉は、「開発」と訳されることが多いですが、「発達」という訳語が当てられることもあります。そして、英語が得意な方から、Organization Developmentという言葉は組織開発というよりも組織発達と訳した方が、日本語の据わりのよさはともかく、本来のニュアンスには近いのだと聞いたことがあります。ですので、組織開発とは、やはり「組織（Organization）が発達（Development）することを促進するための働きかけ」なのだろうと思います。そして、そこには、組織そのものが一つの有機体（生き物）のように、よりよく発達しようとする可能性を秘めているという発想があるようです。

そのような可能性を高めるために、組織開発では「関係性に焦点を当てる」のですが、それを別の言葉で表現すると、メンバー同士の間柄をアサーティブなものしようとするということなのだと思います。すなわち、メンバー一人ひとりが、それぞれの意見や考え、気持ちを正直に、率直に、その場にふさわしい方法で伝え合うことができるようになってこそ、組織は健全に育ち、成果を残していけるようになるというのが組織開発の考えだと私は理解しています。

企業が直面する課題には、ハードに関するものとソフトに関するものがあります。前者は、製品やサービスを生み出す技術や販売方法、コスト管理の手法など、目に見えやすい仕組みをもつもので、後者は価値観の共有化やリーダーシップの発揮、動機づけなど、どちらかというと目に見えにくい内容のものです。技術の変化や競争の熾烈化が著しい今日では、つい前者にばかり目を向けがちになってしまうのですが、前者を下支えするのは後者ですし、また、後者を意識できていない会社は、早晩、チームとしては機能しなくなり、衰退していくでしょう。

組織開発は、後者のための工夫や努力をしていくものなのですが、アサーション・トレーニングを導入してもらうことで、そのための、とても効果的で具体的な基盤づくりの取り組みができると私は考えています。

❖——医療領域の現場から

若杉肇

私はこれまで精神科／心療内科の病院とクリニックに勤めながら、個人や家族、カップルの方との心理療法やカウンセリング、電話相談等を行ってきました。アサーションは、主に精神科のリハビリや復職支援に通う患者さんたちや、職員を対象にトレーニングを実施してきました。本項では、患者さん向けにトレーニングをする際に私が心掛けている三つのことをお伝えしたいと思います。

まず一つ目は、「自己受容や自己選択を大切にする」ことです。私自身はもちろん、アサーションやアサーティブな関係性を築くことを大切に思っていますが、アサーションについて伝えるときには、アサーションを「正しいもの」として教えないということを意識しています。患者さんたちはそれぞれ対人関係の傷つきに敏感だったり、コミュニケーションに苦手さを感じていたり、自信がなかったりします。「非主張的／攻撃的スタイルはよくない」「アサーティブでなければならない」というメッセージは、できない自分により目が向いてしまうことがあります。

人は誰でも生きていく過程で、非主張的／攻撃的な自己表現を身につけていきます。それはこれまで生きてきた適応の努力の結果であって、その人にとって自然なものです。しかしその反面、副作用もあります。一方でアサーティブなやり取りをしようとすると、相手とは違うかもしれない自分の意見を伝えるには勇気がいるし、自分とは気持ちや考えの違う相手を理解するには忍耐が必要で、やり取りの最初は特に結構エネルギーがいります。でも、そうして少しずつ練習していくと、だんだんお互いを尊重した豊かな関係が築けるようになっていきます。そのような自己表現や関係のあり方は「自分で選んでいける」のだということを、希望をもってお伝えすることが大切だと思っています。トレーナーの私自身も日々練習中で、一緒に取り組む仲間だと思っている、とも伝えています。

トレーニングの際に心掛けていることの二つ目は、「否定的な感情や気づきを大切にする」ことです。アサーションを最初に学ぶと、うまく言えない自分や、イライラしてつい強く言ってしまう自分がいやになってしまうことがよくあります。また「こんな方法聞いたことないし、難しい」「どうして今まで誰も教えてくれなかったんだ」等、怒りの気持ちが出てくることがあります。そういった反応も含め、どんな気持ちもその人にとって自然なものであること、誰でも（もちろん私も含めて）非主張的や攻撃的になってしまうことを共有することが、普段の考え方やコミュニケーションを見直す上で役立ちます。自分を責めることなく、どんな場面や相手にそうなってしまうのか気づくことができると、前向きに新しい方法や考え方を試すことができるようになっていきます。

最後の三つ目は、「違いは間違いではない」ことや人権について強調することです。患者さんたちはその病気や障がい故に周囲との関係の中で差別や偏見を強く感じたり、周囲と違っている自分をだめだと感じていることがよくあります。そういうとき「人は誰でも違っている」「違いは間違いではない」というアサーションの前提や、「誰でも自分の気持ちや考えをもってよいし、表現してもよいのだ」という基本的人権（そしてその権利は相手にもあること）を意識することが安心感につながることが多いようです。実際のやり取りは一筋縄でいかないことも多いですが、これを知っているのと知らないのでは生きやすさが違うと思います。

「自分を受け入れるのにも違いを認めるのにも勇気がいると思うけど、本心で多くの人とやり取りできるようになりたい」「根気強くやってたら、ちょっとずつできるようになった」と患者さんたちは教えてくれます。ある時「こういう時何て言えばいいんだろう？」と悩むAさんに、何人かの患者さんが「Aさんはどう思う？」「親は親の、先生は先生の考えがあると思うけど、Aさんの思うことも大事」「Aさんらしい言い方が見つかるといいね」とあたたかい雰囲気で伝え、話し合っているのを見て、私は共に取り組む仲間としてとても嬉しく頼もしく感じました。

❖——看護領域の現場から

野末聖香

看護職者は、患者の役に立ちたいという気持ちが強く、患者中心のケアを目指して仕事をしています。とても大切で価値あることですが、それが患者に対する率直な自己表現を妨げる要因になる場合があります。また看護職はチームで仕事をしており、多職種間の調整役を担うことが多いのですが、忙しい医療現場では十分なコミュニケーションが図りづらく、不全感や後悔、不満が抑圧されたり、攻撃的な言動につながったりすることがあります。筆者は、アサーション・トレーニングを受講したことで、職場での人間関係上のストレスに対処しやすくなり、アサーティブなコミュニケーションが質の高い医療につながることを実感しました。そこでトレーナー・トレーニングを受け、病院、職能団体、学会、大学・大学院教育等で看護職や看護学生を対象にトレーニングを行ってきました。トレーニングの内容は、平木典子先生が日精研で実施されているトレーニングを看護師用にアレンジしたもので、対象者の特性や人数、研修時間などにより構成や用いる事例を変えています。

トレーニングの参加者は、日頃、同僚・上司・部下、患者、医師や他職種など周囲の人たちとのコミュニケーションに難しさを感じ、改善したいと考え受講します。受講にあたり改善したい自分の非主張的な言動を聞いてみると「違った意見をどう表現したらいいか迷ううちにチャンスを逃してしまう」「納得できなくても議論をあきらめ、中途半端な気持ちで引き下がる」「患者がどう思うだろうかと考えると思ったことが言えない」「断ったり反対したりするとチームワークを乱すことになると思い主張できない」「威圧的な上司にいつも受身的になる」「医師が一方的に意見を押し付けてくると反対できない」「後輩をうまく褒められない」などが挙げられます。また改善したい攻撃的言動として「口で言わずに表情や態度で怒りを表してしまう」「言葉でのコミュニケーションが面倒で断言的に言ってしまう」「相手が期待通りに返答しないとカチンときて早口でまくしたてる」「仕事に余裕がなくなると感情的になる」「患者に対して一方的な指導になることが多い」などが挙げられます。

そしてトレーニングを受講した後のフィードバックから、トレーニングにより「自分の傾向やパターンがわかった」「自分を知ることが大切だと思った」「相手の気持ちを考えながら自分の思いを伝えることが大事」などの気づきがあり、「自分の心をアサーティブにしようと思う」「これまで自分はこんな人間だ、で止まっていたが変えていこうと思えた」「自信喪失していたが、自分を丸ごと好きになりやっていこうと思う」など、自己理解と自己信頼、相互尊重の重要性を基盤にアサーションに取り組んでみようという意識づけができるようです。

看護は命に関わる仕事であり、職場では高い緊張感の中、素早い迅速な判断と対応が求められます。自分にも仲間にも厳しくなりがちで、ていねいに対話する時間的心理的ゆとりがない現状があります。また「患者中心」「チームの調和」の重視が、自己表現を抑えることにつながっている場合も少なくありません。だからこそ自分も相手も尊重するコミュニケーション・アサーションを学び、身につけることが役に立ちます。受講者からのフィードバックを参考にこれからもプログラムの工夫を続けていきたいと思っています。

❖――介護者支援の現場から

無藤清子

介護者というとき、インフォーマルな介護者（無償で家族のケアをする家族介護者。以下、ケアラー）を指す場合と、専門職としての介護者のことを言う場合とがあります。私は、ケアラーの集い（介護者の会）への参加やケアラーとのカウンセリングやアサーション・トレーニング、および、ケアに関わる専門職（介護・在宅医療領域の専門職や、福祉や医療領域の対人援助職）とのカウンセリングやアサーション・トレーニングを通じて、介護者支援に関わってきました。

ケアラーは、多大なケアを四六時中続けていたり、あるいは、待ったなしの切迫した病状に対応したりして、自分の生活や人生を二の次にしがちです。例えば、認知症をもつ人をケアしている家族は、その言動に困りきっていても、周囲の人や専門職から「一番辛いのはご本人（認知症をもつ人）なんだから」と言われ、できる限り平穏に安心して過ごさせようと、自分のイライラや〝もうたくさんだ！〟などの感情を出さないようにして接して、疲弊していることがよくあります。そのようなケアラーにとってアサーションとは、「自分を大事にしてもいいんだ！」、「お母さんはお母さん。私は私。全部何とかしてあげるなんて、できっこないことなんだから」など、ケアする相手との間の境界線への気づきとしてよく語られます。なお、介護や医療では、介護分担をはじめとして、選択や意思決定の機会が多く訪れます。そのようなとき、家族・身内や専門職に対して上手にコミュニケーションをとれると楽なのですが、なかなか難しいことがあります。コミュニケーションにあたって、そもそも自分は何を言いたいのか（今自分はケアの意味をどう感じてどうケアしたいのか、どのように分担してほしいのか、など）、また、どのように話を進めるか、などに、アサーションが活かされたという感想を耳にします。アサーション・トレーニングは、自分を大切にしてよいのだとの実感をサポートする場の一つだと考えています。

そもそも、ケアは、価値観や家族観が大きく反映される領域ですし、ケアラーの年齢層や性別によってもある程度共通の介護観（誰がどのように介護すべきかなど）があり、もちろん類型的見方は禁物ですが、トレーニングにおいてそのことは銘記しておきたいものです。ケアラーのアサーション・トレーニングについて見てみます。壮年世代ケアラーは、自分たちを縛ってきたものをしっかりと見据えて打破したいと思って発言したりします。それに対して、配偶者や超高齢の親をケアしている高齢ケアラーは、自治体がケアラーを〝模範嫁表彰〟していたような時代の社会文化の中で育ちました。自分の道程や選択を擁護したく、時代の要請に翻弄されてきたかのような失礼な見方をされたくないのは当然で、両世代が同じ小グループにいる時の目配りも必要です。個々人のものの見方を理解し合うのが基本ですが、その際、社会文化から切り離れたものとしての〝個人の価値観〟に帰さないこと、そして、社会文化を視野に入れつつもドミナントストーリーで類型化しないこと、このような話し合いの場をつくることに意を砕きたいと思っています。さらに、運営面については、質問紙に不慣れで、文字の読み・書きにも不自由になりがちな高齢ケアラーのために、文字フォント、項目数、回答時間などの見直しや、同行支援者への注意喚起教示（回答内容は本人に委ねて）も必要な場合もあります。

他方、対人援助職対象のアサーション・トレーニングでは、例えば、支援相手からの援助要請を、信頼を向けられたと受け取る人も、相手を依存させてしまったと感じる人もいて、その驚きから、対人援助職に就いたそもそもの動機とその強さや、〝専門家〟への社会文化的期待をふり返る機会にもなっています。また、多職種チームで取り組む在宅医療では、生活・人生支援の理念や方法、生死に関して、お互いの見方のすり合わせが必要な場面が多いため、アサーションが役立つ場面が多いと実感しています。

教育領域の現場から

安達知郎

学校現場でのアサーションと言うと、子どもたちにアサーションを実践することをイメージされる方も多いかと思います。私もかつては子どもたちにアサーションを実践していました。しかし、子どもたちにアサーションを実践しても、いつの間にか学校の中で、「他人を傷つけない」「みんなで仲良く」といった美辞麗句の中にアサーションが回収されてしまっていました。子どもを管理するためのツールとしてアサーションが使われてしまっていました。どうもそんなことが起きているらしいと気づき、子どもたちにアサーションを実践することはほとんどなくなりました。

私がその代わりに学校現場でするようになったことは、教職員にアサーションをきちんと伝えていくことでした。教職員の意識、ひいては学校文化に変化を起こさなければ、上記したようにアサーションは本来の理念から外れた形で、そして、時に反する形で利用されかねません。そこで最近では、効率、成果、強さ、目に見えるもの等を重視する教職員の意識、学校文化にゆらぎを生じさせるため、葛藤、プロセス、弱さ、目に見えないもの等の大切さをアサーションを通じて教職員に伝えるように心がけています。実際には、大学教員として教員を対象とした講習、研修を担当し、教員にアサーション・トレーニングを実践しています（このとき実践するのは、教員が子どもたちにアサーション・トレーニングを実践できるようになるためのものではなく、教員自身がアサーティブになるためのものです）。また、スクールカウンセラーとして学校現場で働き、アサーションの理念をさまざまな場面（カウンセリング、コンサルテーションはもちろんのこと、雑談、授業観察、校内巡回など）で、言葉、そして、行動で教職員に（もちろん、子どもにも）伝えています。

ここで教育領域でのアサーションの具体例を紹介したいと思います。中学校でスクールカウンセラーをしていたとき、女子生徒が担任との関係に悩み、私のところに相談にきました（事例の詳細は安達（２０１８）参照）。私は彼女のさまざまな想いに耳を傾けながら、担任への想いを言葉にすることを勧めました。そして、彼女が担任に想いを伝えられる場を設定し、そこに教頭にも同席してもらいました。その場で、彼女は自らの想いを担任に伝えることができました。その結果、彼女の想い、担任の想いが（教頭を介して）周囲に伝わり、学級、職員室、学校、そして、それぞれの人々の心の中に対話の時間、空間が少し増えました。この事例からはさまざまなことを学ばせてもらいましたが、教職員にアサーションの理念を伝えるという意味で印象的だったのは、女子生徒と担任の話し合いの場に立ち会った後の教頭の言葉でした。教頭は私に「今まで教員を四十年近く続けてきて、生徒の気持ちを聴くことが大切であるということはくり返し言われてきた。しかし、今日初めて生徒の率直な気持ちを聴くということがどういうことか、そして、それがどれくらい大切かを理解できた」と顔を紅潮させながら嬉しそうに話しました。この事例は、女子生徒のアサーティブな態度、言葉が、担任の意識、教頭の意識、そして、学校文化に一石を投じ、その波紋が大きくひろがる中で学校全体に（わずかですが）変化が生じたと理解することができるのではないかと考えています。

アサーションは「心を大切にする」文化であると私は考えています。これからもアサーションを通じて、学校現場に「心を大切にする」文化を伝えていきたいと考えています。

文献：
安達知郎「アサーション トレーニングとシステム論的支援を組み合わせた学校臨床事例」２０１８　心理臨床学研究　日本心理臨床学会　36　１３１－１４２

❖——司法領域の現場から

辻村德治

私は、少年鑑別所に入所中の少年に対して、早期回想（就学前の記憶を回想する方法）を三十五年以上にわたって聞き取ってきました。早期回想では、母親や父親との関わりがほとんどないか、希薄なことが特徴です。保育所で友だちと何かしたことの回想がほとんどで、親と何かしたという回想はみられません。したがって、鑑別所に入所する少年の家庭は、放任型の養育態度であると考えています。

そのような幼少期を過ごした少年は、小学校で担任に恵まれても、幼少期の経験を修正することができないことが多いのです。幼少期に子どもとして親に大切にされて関わってもらっていないので、教師などの大人と親密な関係を築くことが困難なためです。中学校に進学すると、万引き等の非行をすることで、親に叱責され、教師からは指導されますが、ますます大人への反抗が増えていきます。このような悪循環が、非行臨床に多く見られることです。

私が非行臨床の場でアサーション・トレーニング（以下「ＡＴ」と略記）を活用しようとしたのはここ十年くらいのことです。活用するのに時間がかかったのは、少年や保護者がＡＴに関心をもってくれるか自信がなかったことが一番大きな要因です。また、ＡＴを活用するためには継続面接をする必要があり、ケースが限られてきます。さらに、実施者の十分な理解が必要であり、ファシリテーターとしての訓練が必要となります。私は、大学の非常勤講師として学生に長年教えることで、ファシリテーターとしてのスキルをゆっくりと身につけることができました。

前述したように、少年鑑別所に入所する少年について、大人や社会に対する「反抗」が少年事件の主な原因と考えられますが、その「反抗」は大人との関わりの際に、自他尊重ができない状態に陥っていることであると私は考えています。この点で「手当」をする必要があります。その「手当」は家庭裁判所調査官の役割ですが、臨床の基本態度として要請される「自他尊重」が調査面接で実践できていることが前提です。しかし、大人や社会への反抗をしている複雑な状況に、自他尊重の精神で接することは本当に難しいことです。往々にして反抗しがちな少年の態度や、事件内容に腹が立って、非難するような態度になることが多いのです。

ところが、プログラムとしての枠組みが完成されているATを実施すると、比較的容易に面接の基本的態度である「自他尊重」が実践できると考えるようになりました。プログラムがもつ枠組みが「反抗」に陥りがちな人間関係の悪循環を絶ってくれるように感じます。このように考えますと、特別なケースだけではなく、かなり広い範囲でATを実施できる可能性があると気づきました。

ATの実践では、「今の関わりは自他尊重か?」と自問自答することを私は長年くり返してきました。ファシリテーターは、常に自他尊重実践のモデルとしてその姿勢が注目されていることになります。実践家には厳しい目が注がれていることを意識することが重要です。そのような緊張感のある実践を重ねると「自他尊重の精神」が身についていくように考えています。このような実践で身についた感覚は、ATの実践場面だけでなく、普段の調査面接にも反映されているように思っています。

なお、これまで述べたことは私の個人的見解です。これからは、このような見解が非行臨床の実践場面で一般的であるとされるように努力することが課題であると考えています。

文献
辻村徳治「家庭裁判所の少年事件でのアサーション――非行臨床でアサーションは使えるか」２０２０　精神療法　金剛出版　３６６‐３６７

＊

いかがだったでしょうか。それぞれの現場には独特の歴史や文化があり、そういった現場全体をアサーティブにしていくためには、一人ひとりがアサーティブになっていくのとはまた別の難しさがあることがわかります。それでも、各現場でトレーナーたちがいろいろな工夫を凝らしながらアサーション・トレーニングに取り組んでいるのは、たとえ時間がかかっても、今よりももっとアサーティブな社会を実現していきたいという共通の思いがあるからでしょう。

3　トレーナーを目指したい人のためのトレーニング

自分が所属している職場や環境にアサーション・トレーニングを広めていきたいと思っている人に向けて、日精研では、トレーナーになるための専門コースも準備しています。このコースは、「専門の」トレーニングの中でも、より専門性の高いプログラムになりますが、ご興味ある方は、ぜひ受講を検討してみてください。最後にトレーナー・トレーニングのトレーナーからのメッセージを紹介して、本章を閉じたいと思います。

＊

❖――アサーション・トレーニングのトレーナーとして思うこと

沢崎達夫

アサーション・トレーニングのトレーナーとして、これまで教育、看護、産業、福祉などの領域で仕事をさせていただきました。最初の頃は、自分が学んだことをどう伝えるか、試行錯誤している時期がありました。そんなとき、受講生からの思いもかけない質問や、終了後の感想・振り返りの中から、新たな視点やより的確な理解につながる伝え方のヒントをいただくことがあり、それらを少しずつ研修の中に取り入れていきました。最初につくった講義用ノートは、次第にそうしたメモで一杯になっていきました。

また、トレーナー・トレーニングの中でいただいた講師の平木先生の言葉や、一緒に受講した仲間たちのつくったレジュメは、今でもときどき見返すことがありますが、内容の本質はそのままに、自分らしく、しかもわかりやすく伝えていくことの大切さをあらためて感じています。

当初は、このトレーニングは西洋的な考え方で日本には馴染まないといった批判を聞くことがありましたが、この多様性の尊重、多文化共生の現在では、逆にその必要性が高まっています。また、アサーションは自己主張のスキルを学ぶものだと思われることが多いのですが、「表現のスキルを学ぶ部分もあるが、もっと広く人の生きる姿勢そのものに関わるもの」だと、その奥深さを伝えるようにしてきました。大半を大学で仕事をしてきた私にとって、小中高の先生、看護師、企業の方などから、異なる領域でのアサーションに関する多くの示唆をいただいたことも大変ありがたいものでした。

そうした中で、アサーションを伝えていくときに心がけたいことがいくつか自分の中にできてきました。外に表れる表現としての言動だけでなく、それを支えているその人なりの認知や感情、さらには生きてきた歴史や環境も含めて、常にトータルとしての人間を見ていくという姿勢を忘れないでいたいと思っています。また、アサーションを伝えるとき、トレーナーはそのモデルとなる存在であることを自覚し、可能な限りアサーティブであろうとしてきました。そして、トレーナーは万能ではなく、知らないこともありますし、受講者の方が知っていることもたくさんありますので、質問されたことは受講者全体に聞き直してみること、また一緒に考えてみることも意識してきました。先に述べたように、その中で出てきた意見などは、今でも大事にしていることがたくさんあります。

トレーニング場面では、座学での講義だけでなく、グループワークやロールプレイを通して体験的に学んでいただくこともたくさんあります。講義をする「ティーチャー」としてだけでなく、「ファシリテーター」として、グループがどう動いているかを見極めていく能力も必要だと感じています。その意味で、グループワークのファシリテーターの経験も必須です。

トレーナーとしては、正解志向になってしまうことや、あるべき姿を教えるという姿勢がいつの間にか攻撃的な表現になってしまわないように注意しながら、自己探究からその人らしさへのプロセスを共に体験することを大事にしたいと思います。そして、一人ひとりが異なる自分の人生を生きるヒントを見つけ、新たな関係創造への時間を過ごしていただけるようにといつも願っています。

第7章　むすびに代えて〜二一世紀のアサーション〜

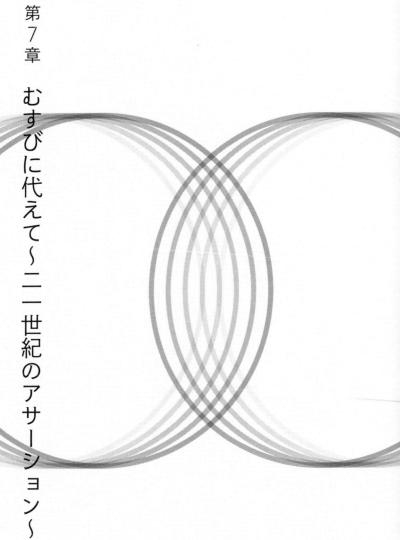

ここまで読み進んでこられた読者は、アサーションという自己表現が自他尊重の精神に裏づけられたコミュニケーションであり、そうでない非主張的、攻撃的コミュニケーションとは異なること（第1章）、アサーションは人間のものの見方・考え方を表現することになるため、多様なものの見方や考え方をする人間の多様性を互いに尊重することでもあること（第2章）、そして、自他尊重の基本には人権、すなわち「アサーション権」（言論の自由と自己表現の権利）の尊重があること（第3章）を確認しました。そして、アサーションは、その基礎に立った言語表現（第4章）と言葉以外の表現（第5章）があり、その方法（第6章）も理解できたと思われます。

それではアサーションを実践すると、その結果、どのようなことが起こる可能性があるのでしょうか。本書のむすびに代えて、本章では、アサーションが開く可能性と未来ついて考えたいと思います。

1　アサーションはアサーティブに考え、選択し、決断するプロセスをつくる

アサーションは自己表現の方法ですが、同時に自己表現をしようとするときの心理的なプロセスをアサーティブにします。つまり、アサーションをする前の心の中の作業、自分の思いを確かめる作業をアサーティブに進めることに貢献します。

DESC法を例にとって考えてみましょう。台詞づくりをするとき、Dでは、話そうとしていることに関する場面の状況を相手と共有するために客観的状況描写の台詞を考え、Eで自分の気持ち、相手の気持ちを言葉にするための台詞をつくるために自分の気持ちを確かめ、相手に共感しようとします。次にSで特定の提案をする台詞を考えますが、このプロセスで、私たちは、D、Eで状況を見渡したり、自他の気持ちに共感したりする作業をして、Sでどのような提案をするか、まとめる作業をし、台詞を考えることになります。また、Cでは、提案をした後、相手がどのような反応をするかによって、その後、自分がどのような反応をするかを考えておくことになります。

そのプロセスは自分の中での作業ですが、そこでは、どのような状況を選んで描写し（D）、自分の気持ちを確かめ、相手のどの気持ちを言葉にし（E）、どのような提案をするか（S）について一つひとつ考えて選択し、決定していきます。そこでは、多くの選択や決定が、あっという間に進みます。それは容易なこともあれば、選択に迷ったり、情報が十分でない不確かな状況下で決断しなければならなかったりすることもあります。ただ、アサーションは、「自分の思いを伝えてみる」ことですから、とりあえず発言をしてみることから始めることになります。それ故に、相手との話し合いが必要になるとも言えます。

このように考えると、アサーティブな自己表現をする試みは、自分の心の中の自己選択、自己決定をアサーティブにするプロセスが含まれており、表現しようとすること自体は心の中のアサーティブな決定をたすけます。ただし、それはすべてのことを熟慮した完璧な発言ではなく、結論でもないことを自覚してCを考え、相互の話し合いを始めると、それを進めるプロセスでも、自己選択と決定があり、その結果、共に創り上げられた結論が生まれます。

組織で仕事をする人の心得として、「自己選択、自己決定、自己責任」と言われますが、アサーションの視点からその意味を考えると、自己表現には自己選択、自己決定したプロセスと発言がありますが、対話の中でもその都度それぞれが自己選択、自己決定して話が進み、そこには選択・決定の変化のプロセスに各自が責任をもっているということになるでしょう。

私たちの日常には、初めて体験すること、情報が不十分で不確かなこと、わからないことなどがあふれています。それに加えて、私たちのまわりには、多様な考え方をした多様な人々がいます。その中で、互いの自己表現は矛盾していたり、葛藤を招いたりすることも多いでしょう。アサーションでは、それは起こり得ることであるからこそ、まず、自分の思いを率直に、素直に語ってみよう、ということになります。アサーションは、そこから始めて、共に考え、選択し、決断するプロセスを歩もうとすることなのでしょう。

2　アサーションは人間関係の質を変える

一人ひとりが、アサーティブに考え、選択し、決断するプロセスを経たアサーションは、相手にわかりやすい表現になる可能性が高くなると同時に、相手のそのようなプロセスを大切にする気持ちを高めます。換言すれば、アサーションを心がけるということは、相手がアサーティブであるかどうかに関わらず、相手の自己表現を理解しようとすることになるでしょう。つまり、相手の反応（言いたいこと）に耳を傾け、聴こうとすることになります。そして、人の考え方・ものの見方が多様であることを考慮すると、互いに相手の反応がすぐにはわからなかったり、期待した反応とは異なっていたりすることを心得ることができます。やり取りは、わかり合うことも含めて進んでゆくことになるでしょう。

そのようなプロセスを経て双方の理解が進むと、話がわかっただけではなく、わかり合えたという関係が生まれ、話をする前の不安定な関係から落ち着いた関係に変わります。理解は関係の質を変えるのです。理解し合うことができた後の関係は、換言すれば、二人がそのことに協力し合った関係になっていると言ってもいいでしょう。

その意味で、アサーションは自他尊重の表現を通して理解を進めて、関係性を変え、ものごとを共に前進させるための協力を促すということにもなるでしょう。

3　アサーションは協働を促進する

アサーションがアサーティブに考え、選択し、決断するプロセスを促進し、人間関係の質を変えると、私たちは互いの「違い」を理解し合い、各自の特徴や強みを活かした関係の中で、言わば、その人らしくあることができるようになります。そこでは、積極的に関わりながら、ものごとを進めていくことができます。万能な人はいませんが、「異なった特徴をもった人」がそれぞれの特徴を発揮すれば、それがさまざまな能力の集合になります。リーダーシップの研究によれば、リーダーシップとは「リーダー」と呼ばれる人がグループの筆頭に立って引っ張っていくことではなく、グループメンバー一人ひとりが発揮するものであると言われています。それは、「分かち合われたリーダーシップ（shared leadership）」と呼ばれて、メンバー一人ひとりがその特徴を発揮してグループに何らかの貢献をしたとき、その人のリーダーシップが発揮されると考えることになります。換言すれば、集団や組織でリーダーの地位を得た人は、その集団のメンバー一人ひとりの特徴（違い）を理解し、各自がその人らしさを発揮する時と場を得てその特徴を活用することであり、メンバーもそのような理解のもとで共に動くことだということになります。

近年、ダイバーシティ（多様性）とか協働（コラボレーション）という言葉をよく聞くようになりました。協働とは、英語の“co-labor”＝「一緒に働く」の名詞形 collaboration です。その前提には、同じ考えをもっているから協働できるというのではなく、異なった考えや異なった人々が互いを理解し合い、それぞれを活かし合って、新たな可能性を開くという意味があります。国際化が進み、多様性があたりまえになっていく社会では、ますます多様性の中の関係性が重要になり、協働性が問われていくでしょう。その中で、アサーションも大きな機能を果たしていくでしょう。

4　ＡＩや社会的メディアを活用したアサーティブなコミュニケーション

現代社会は、多用で、多忙な人々の日常があり、競争に明け暮れる職場などでは、多くの人がいきなりコンピューターの前に座ってスイッチを入れて文字に向き合い、挨拶もせず、感情の交流は効率や成果には害だと言わんばかりの味気ない時間を過ごしています。今一度、ＤＥＳＣを思い出してみましょう。そこでは、自分の気持ちを伝え、相手に共感するＥは無視し、課題達成に専念します。また、用事や課題を進めながらでも、ちょっとした労わりやほめ言葉があると、気持ちが伝わり、人々の心が潤い、互いの状況を感知したり、思い遣ったりするつながりが生まれるのですが、それも忘れられがちになっています。

一方、社会に言葉の暴力が広がる背景には、複雑さや曖昧さ、細やかな心の動きやプロセスを表現しきれない言語（デジタル）依存がある可能性があります。例えば「うざい」とか「死ね」といった言葉は、「嫌いだ」、「つき合いたくない」といった自分を侵害されたくない願いや侵害されたことへの怒りを伝える意味の叫びなのでしょうが、言葉の意味自体も強烈である上に、メールなどで使われると、その意味は文字通りに受け取られ、攻撃的で、人間関係を絶ち、排除する表現になりかねません。直接伝える場であれば、ここまで全面否定をするような言葉は使わない可能性があり、受け取る相手も文字通りの意味を受け取って衝撃を受けることはないでしょう。伝えきれない怒りが八つ当たりやいじめとなって関係のない人々に向けられているのは、デジタル信号では伝えきれない感情が行方を閉ざされており、表現も未熟になっていることと関係があるかもしれません。

気持ちを十分運んでくれない言葉や文字だけのやり取りや、面と向かって接することのない関わり、率直な気持ちが伝えられない状況では、人間関係は面倒で、人と接することも億劫《おっくう》になって、ますます接触が失われていきます。一度にすべてを伝えようとするのではなく、面倒がらずにプロセスを伝える関わりをしたいものです。感情を大切にすることは、それらを善し悪しで判断したり、デジタル化したりしないで、流れとしてアナログで受け止め、非言語表現を動員して表現することです。そのためには人々が直接関わる場と時間を確保し、文字だけでなく電話やＬＩＮＥ（ライン）で、さらにＺｏｏｍ（ズーム）などのネットワークツールを活用して、日常を課題遂行の思考や論理優先のやり取りで終始させない時間をもつことでしょう。互いの存在を心に留めていることを伝える「慈しみ」「慰め」「労わり」「励まし」「称賛」「感謝」そして「挨拶」など、アナログのメッセージを加えることも大切です。

今、私たちは、物がもたらす豊かさと便利さは必ずしも心を豊かにしてくれず、人間関係が豊かでないことがいかに日常を貧しくしているかに気づき始めています。いくら成績を上げても、立派な物をつくっても、それを喜び、愛でてくれる人がいないとき、私たちの満足は半減します。そこに、人間にしかできないこと、つまり互いの思いを受け取り、返すというコミュニケーションの意味があるのでしょう。私たちに必要なことは、ますます機械化され、単純化されていく現代のコミュニケーションに、豊かな人間の関わりをもたらすコミュニケーションを取りもどすことだと思われます。

*

その意味でアサーションは、単に自己表現が苦手な人やコミュニケーションに困難を感じている人のための自己表現の訓練法だけにとどまらず、国際化が進み、変化の激しい不確実な二一世紀を生きる私たち誰もがどこでも必要な考え方であり、身につけることが求められるコミュニケーションのあり方でしょう。

参考文献

相川充・津村利充「社会的スキルと対人関係――自己表現を援助する」1996　誠信書房

アルベルティ，R. E. &エモンズ，M. L.「改訂新版　自己主張トレーニング」（菅沼・ハーシャル訳）2009　東京図書（*Your Perfect Right: Assertiveness and Equality in Your Life and Relationships*）

デッカー，S.「ヒューマンエラーは裁けるか」（芳賀繁監訳）2009　東京大学出版会

土沼雅子「アサーション・トレーニング　自分らしい感情表現――ラクに気持ちを伝えるために」2012　日本・精神技術研究所

平木典子「自己カウンセリングとアサーションのすすめ」2000　金子書房

平木典子「アサーション入門――自分も相手も大切にする自己表現法」2012　講談社現代新書

平木典子「アサーションの心――自分も相手も大切にするコミュニケーション」2015　朝日選書

平木典子「図解　自分の気持ちをきちんと〈伝える〉技術――人間関係がラクになる自己カウンセリングのすすめ」2007　PHP研究所

平木典子「子どものための自分の気持ちが〈言える〉技術」2009　PHP研究所

平木典子「図解　相手の気持ちをきちんと〈聞く〉技術――会話が続く上手なコミュニケーションができる！」2013　PHP研究所

平木典子「マンガでやさしくわかるアサーション」2015　日本能率協会マネジメントセンター

平木典子「新・カウンセリングの話」2020　朝日新聞出版

平木典子編「精神療法　増刊特集第8号　アサーション・トレーニングの新たな展開」金剛出版（2021．8．刊行予定）

平木典子監修　宮崎圭子・柴橋祐子著「対人関係のスキルを学ぶワークブック」2018　培風館

平木典子・金井壽宏「ビジネスパーソンのためのアサーション・トレーニング」２０１６　金剛出版
平木典子・沢崎達夫・土沼雅子「カウンセラーのためのアサーション」２００２　金子書房
平木典子・沢崎達夫・野末聖香「ナースのためのアサーション」２００２　金子書房
平木典子編「アサーション・トレーニング」２００８　至文堂・ぎょうせい
福田正治「感じる情動・学ぶ感情――感情学序説」２００６　ナカニシヤ出版
森川早苗「アサーション・トレーニング　深く聴くための本」２０１０　日本・精神技術研究所
リー，S．&グレイアム，R．「自己表現トレーニング」（高山・吉牟田・吉牟田訳）１９９６　岩崎学術出版
レーナー，H．G．「親密さのダンス――身近な人間関係を変える（わたしらしさの発見）」（中釜訳）１９９４　誠信書房
シェネバート，M．「ナースのためのアサーティブ・トレーニング」（藤田・杉野訳）１９９４　医学書院
『精神療法』Vol. 46，№ ３　特集「アサーション・トレーニングと心身の健康」２０２０　金剛出版
園田雅代・中釜洋子「子どものためのアサーション〈自己表現〉グループワーク」２０００　日本・精神技術研究所
園田雅代・中釜洋子・沢崎俊之「教師のためのアサーション」２００２　金子書房

［ビデオテープ・ＤＶＤ］
平木典子監修・指導
「自己表現トレーニング〜アサーションのすすめ〜」
第一巻「アサーション・トレーニングの理論とその背景」チーム医療
第二巻「アサーション・トレーニングを学ぶ」チーム医療
平木典子監修・指導　アサーション・トレーニングシリーズ
「自分の気持ちをわかりやすく伝える編」チーム医療ラーニング
「相手の気持ちをきちんと聴く編」チーム医療ラーニング

「葛藤場面におけるDESC法を活用した実習編」チーム医療ラーニング
平木典子監修
「さわやかな自己表現　アサーション・トレーニング　原理と実践」テレマック
第1部　原理編
第2部　小学校低中学年　実践編
第3部　小学校高学年　実践編
第4部　中学校　実践編
平木典子「最高の職場環境を生み出すアサーションの神髄」医療情報研究所
平木典子「アサーションで防ぐ　セクシュアル・ハラスメント」日本経済新聞出版

［Eラーニング教材］
平木典子・笹本雄司郎監修「コンプライアンス推進のためのコミュニケーション・トレーニング」第一法規
平木典子 日精研クラウド学院「関係をつなぐコミュニケーション～アサーションを知ろう」日本・精神技術研究所
平木典子 日精研クラウド学院「社会構成主義とアサーション」日本・精神技術研究所

著者紹介

平木典子（ひらき・のりこ）

1959年　津田塾大学学芸学部英文学科卒業
1964年　ミネソタ大学大学院教育心理学修士課程修了
現　在　日本アサーション協会代表
主　著　『自己カウンセリングとアサーションのすすめ』（金子書房、2000）
『図解　自分の気持ちをきちんと〈伝える〉技術』（PHP 研究所、2007）
『図解　相手の気持ちをきちんと〈聞く〉技術』（PHP 研究所、2012）
『アサーション入門』（講談社、2012）
『こころのふしぎたんけんえほん』（監修　PHP 研究所、2016）
『マンガでやさしくわかるアサーション』（共著　日本能率協会マネジメントセンター、2015）
『ビジネスパーソンのためのアサーション入門』（共著　金剛出版、2016）
『言いにくいことが言えるようになる伝え方』（ディスカヴァー携書 245、2023）
他多数

三訂版　アサーション・トレーニング
―さわやかな〈自己表現〉のために―

発行日　1993 年 10 月 15 日　初版第 1 刷発行
2009 年 9 月 15 日　改訂版第 1 刷発行
2021 年 7 月 1 日　三訂版第 1 刷発行
2024 年 6 月 10 日　三訂版第 6 刷発行

著者　平木典子
発行者　内田桃人
発行所　㈱日本・精神技術研究所
〒 102-0074　東京都千代田区九段南 2-3-26　井関ビル 2F
TEL.　03-3234-2961
FAX.　03-3234-2964
日精研ホームページアドレス　http://www.nsgk.co.jp/
発売元　㈱金子書房
〒 112-0012　東京都文京区大塚 3-3-7
TEL.　03-3941-0111
FAX.　03-3941-0163
装丁　川添英昭
組版　㈲閏月社
印刷所　㈱光邦

ISBN978-4-931317-18-5